JavaScript objektorientiert

23.7.2025

Papier plus⁺ PDF.

Zu diesem Buch – sowie zu vielen weiteren dpunkt.büchern –
können Sie auch das entsprechende E-Book im PDF-Format
herunterladen. Werden Sie dazu einfach Mitglied bei dpunkt.plus⁺:

www.dpunkt.de/plus

Nicholas Zakas

JavaScript objektorientiert

Verständlicher, flexibler, effizienter programmieren

Nicholas Zakas

Übersetzung: Volkmar Gronau, Flensburg
Lektorat: Dr. Michael Barabas
Copy-Editing: Ursula Zimpfer, Herrenberg
Satz: Frank Heidt
Herstellung: Susanne Bröckelmann
Umschlaggestaltung: Helmut Kraus, www.exclam.de
Druck und Bindung: M.P. Media-Print Informationstechnologie GmbH, 33100 Paderborn

Bibliografische Information der Deutschen Nationalbibliothek
Die Deutsche Nationalbibliothek verzeichnet diese Publikation in der Deutschen Nationalbibliografie;
detaillierte bibliografische Daten sind im Internet über http://dnb.d-nb.de abrufbar.

ISBN-Print: 978-3-86490-202-4
ISBN-PDF: 978-3-86491-553-6
ISBN-ePub: 978-3-86491-554-3

1. Auflage
Translation Copyright für die deutschsprachige Ausgabe © 2014 dpunkt.verlag GmbH
Wieblinger Weg 17
69123 Heidelberg

Copyright der amerikanischen Originalausgabe © 2014 No Starch Press.
Title of American original: The Principles of Object-Oriented JavaScript
ISBN: 978-1-59327-540-2

Die vorliegende Publikation ist urheberrechtlich geschützt. Alle Rechte vorbehalten. Die Verwendung der Texte und Abbildungen, auch auszugsweise, ist ohne die schriftliche Zustimmung des Verlags urheberrechtswidrig und daher strafbar. Dies gilt insbesondere für die Vervielfältigung, Übersetzung oder die Verwendung in elektronischen Systemen.
Es wird darauf hingewiesen, dass die im Buch verwendeten Soft- und Hardware-Bezeichnungen sowie Markennamen und Produktbezeichnungen der jeweiligen Firmen im Allgemeinen warenzeichen-, marken- oder patentrechtlichem Schutz unterliegen.
Alle Angaben und Programme in diesem Buch wurden mit größter Sorgfalt kontrolliert. Weder Autor noch Verlag können jedoch für Schäden haftbar gemacht werden, die in Zusammenhang mit der Verwendung dieses Buches stehen.

5 4 3 2 1 0

Danksagungen

Ich möchte Kate Matsudaira danken, die mich davon überzeugte, dass eine Eigenpublikation als E-Book die beste Möglichkeit sei, diese Informationen zu verbreiten. Ohne ihren Rat würde ich wahrscheinlich immer noch herauszufinden versuchen, was ich mit den hier enthaltenen Informationen tun soll.

Abermals möchte ich Rob Friesel für sein hervorragendes Feedback zu einem frühen Entwurf dieses Buchs und Cody Lindley für seine Vorschläge danken. Weiterer Dank gilt Angus Croll für die fachliche Durchsicht der endgültigen Fassung – dank seiner Erbsenzählerei ist dieses Buch viel besser geworden!

Danke auch an Bill Pollock, den ich auf einer Konferenz traf und der den Ball ins Rollen brachte, um dieses Buch zu veröffentlichen.

Der Autor

Nicholas C. Zakas ist Softwareingenieur bei Box und widmet sich als bekannter Redner und Autor den neuesten Best Practices in der JavaScript-Entwicklung. Seine Kenntnisse konnte er während seiner fünf Jahre bei Yahoo! verfeinern, wo er als leitender Frontend-Ingenieur für die Yahoo!-Homepage tätig war. Er hat mehrere Bücher geschrieben, darunter *Maintainable JavaScript* (O'Reilly Media, 2012) und *Professional JavaScript for Web Developers* (Wrox, 2012).

Der Fachgutachter

Angus Croll stammt ursprünglich aus Großbritannien und gehört jetzt zum Webframework-Team von Twitter in San Francisco. Außerdem ist er Koautor des Open-Source-Frameworks Flight von Twitter und in leitender Position mit dessen Wartung befasst. Er ist gleichermaßen von JavaScript und Literatur besessen und tritt leidenschaftlich für eine stärkere Beteiligung von Künstlern und kreativen Köpfen in der Softwareentwicklung ein. Angus tritt häufig als Redner bei Konferenzen in aller Welt auf und arbeitet zurzeit an zwei Büchern für No Starch Press. Auf Twitter können Sie ihm unter @angustweets folgen.

Vorwort

Der Name Nicholas Zakas steht gewissermaßen für die JavaScript-Entwicklung. Ich könnte hier noch seitenlang seine beruflichen Auszeichnungen aufzählen, aber das werde ich nicht tun. Nicholas ist als äußerst talentierter JavaScript-Entwickler und Autor gut bekannt und braucht keine Vorstellung. Ich möchte allerdings einige persönliche Gedanken äußern, bevor ich auf den Inhalt dieses Buchs lobend eingehe.

Meine Beziehung zu Nicholas begann in den Jahren, als ich noch ein JavaScript-Schüler war und seine Bücher studierte, seine Blogeinträge las, ihm als Redner zuhörte und seine Twitter-Meldungen verfolgte. Persönlich haben wir uns zum ersten Mal vor einigen Jahren getroffen, als ich ihn bat, bei einer jQuery-Konferenz als Redner aufzutreten. Er bedachte die jQuery-Community mit einem sehr fundierten Vortrag, und danach haben wir öffentlich und privat über das Internet miteinander gesprochen. In dieser Zeit habe ich ihn immer mehr zu bewundern gelernt, und zwar nicht nur als Entwickler und als Führungspersönlichkeit der JavaScript-Community. Was er sagt, ist immer freundlich und überlegt, sein Verhalten stets liebenswürdig. Als Entwickler, als Redner und als Autor ist er stets bestrebt, zu helfen, zu lehren und zu verbessern. Wenn er spricht, sollten Sie ihm zuhören, und zwar nicht nur, weil er ein JavaScript-Experte ist, sondern wegen seines Charakters, der über seine berufliche Qualifikation hinaus deutlich wird.

Der Titel des Buchs und die Einleitung lassen Nicholas' Absicht erkennen: Er hat dieses Buch geschrieben, um an Klassen gewöhnte Programmierer (also solche, die mit C++ oder Java vertraut sind) den Wechsel zu einer klassenlosen Sprache zu erleichtern. Er erklärt ihnen hier, wie sie Kapselung, Aggregation, Vererbung und Polymorphismus umsetzen, wenn sie JavaScript-Code schreiben. Dies ist ein ideales Lehrbuch, um erfahrene Programmierer mit der objektorientierten JavaScript-Entwicklung vertraut zu machen. Entwicklern, die von einer anderen Sprache kommen, bietet dieses Buch eine knappe, sorgfältig formulierte Lektüre über JavaScript.

Dieses Buch ist jedoch auch für Programmierer aus der JavaScript-Community geeignet. Die Kenntnisse vieler JavaScript-Entwickler über Objekte orientieren sich nur an ECMAScript 3 (ES3), weshalb sie eine gute Einführung in die Merkmale von Objekten in ECMAScript 5 (ES5) benötigen. Dieses Buch stellt eine solche Einführung dar und bringt sie vom ES3-Kenntnistand über Objekte zu dem von ES5.

Vielleicht denken Sie jetzt: »Na und? In vielen Büchern gibt es Kapitel oder Hinweise zu den Ergänzungen, die in ES5 zu JavaScript gemacht wurden.« Das mag schon sein, aber ich glaube, dass dies zurzeit das einzige Buch ist, das sich auf die Beschaffenheit von Objekten konzentriert, indem es ES5-Objekte im gesamten Text ins Rampenlicht stellt. In diesem Buch finden Sie nicht nur eine zusammenhängende Einführung in ES5-Objekte, sondern auch Einzelheiten über ES3, die Sie kennen müssen, während Sie die Erweiterungen aus ES5 lernen.

Ich bin der festen Überzeugung, dass dieses Buch mit seinem Schwerpunkt auf objektorientierten Prinzipien und den Neuerungen bei Objekten in ES5 genau das Buch ist, das wir brauchen, während wir auf die Erweiterung unserer Skriptumgebung durch ES6 warten.

Cody Lindley *(www.codylindley.com)*
Autor von *JavaScript Enlightenment,*
DOM Enlightenment und jQuery Enlightenment

Boise, Idaho
16. Dezember 2013

Inhaltsverzeichnis

1	**Einleitung**	**1**
	1.1 Zielgruppe	2
	1.2 Überblick	3
	1.3 Hilfe und Unterstützung	4
2	**Primitive Typen und Referenztypen**	**5**
	2.1 Was sind Typen?	6
	2.2 Primitive Typen	6
	Primitive Typen identifizieren	9
	Primitive Methoden	10
	2.3 Referenztypen	11
	Objekte erstellen	11
	Objekte dereferenzieren	13
	Eigenschaften hinzufügen und entfernen	13
	2.4 Eingebaute Typen instanziieren	14
	Literalformen	15
	Objekt- und Arrayliterale	15
	Funktionsliterale	16
	Literale für reguläre Ausdrücke	17
	2.5 Zugriff auf Eigenschaften	18
	2.6 Referenztypen identifizieren	19
	2.7 Arrays identifizieren	20
	2.8 Wrapper-Typen für primitive Typen	21
	2.9 Zusammenfassung	24

3	**Funktionen**		**25**
	3.1	Der Unterschied zwischen Deklarationen und Ausdrücken...	26
	3.2	Funktionen als Werte	27
	3.3	Parameter	29
	3.4	Überladung	31
	3.5	Objektmethoden	33
		Das this-Objekt	34
		Den Wert von this ändern	35
	3.6	Zusammenfassung	39
4	**Objekte**		**41**
	4.1	Eigenschaften definieren	41
	4.2	Eigenschaften ermitteln	43
	4.3	Eigenschaften entfernen	45
	4.4	Aufzählung	46
	4.5	Arten von Eigenschaften	48
	4.6	Eigenschaftsattribute	50
		Gemeinsame Attribute	50
		Attribute von Dateneigenschaften	52
		Attribute von Zugriffseigenschaften	54
		Mehrere Eigenschaften definieren	56
		Eigenschaftsattribute abrufen	57
	4.7	Objektänderungen verhindern	58
		Erweiterungen verhindern	59
		Objekte versiegeln	59
		Objekte einfrieren	61
	4.8	Zusammenfassung	63

5 Konstruktoren und Prototypen 65

- 5.1 Konstruktoren 65
- 5.2 Prototypen 70
  - Die Eigenschaft [[Prototype]] 71
  - Prototypen in Konstruktoren verwenden 74
  - Prototypen ändern 78
  - Prototypen der eingebauten Objekte 80
- 5.3 Zusammenfassung 81

6 Vererbung 83

- 6.1 Prototypverkettung und Object.prototype 83
  - Von Object.prototype geerbte Methoden 84
  - Object.prototype ändern 86
- 6.2 Objektvererbung 88
- 6.3 Konstruktorvererbung 91
- 6.4 Konstruktordiebstahl 95
- 6.5 Zugriff auf die Methoden des Supertyps 97
- 6.6 Zusammenfassung 98

7 Objektmuster 101

- 7.1 Private und privilegierte Elemente 101
  - Das Modul-Muster 101
  - Private Elemente für Konstruktoren 104
- 7.2 Mixins 106
- 7.3 Bereichssichere Konstruktoren 114
- 7.4 Zusammenfassung 116

Index **117**

1 Einleitung

Die meisten Entwickler verbinden objektorientierte Programmierung mit den üblichen an Hochschulen gelehrten Sprachen wie C++ und Java, die auf Klassen beruhen. Bevor Sie in diesen Sprachen irgendetwas tun können, müssen Sie zunächst eine Klasse erstellen, selbst wenn Sie nur ein einfaches Befehlszeilenprogramm schreiben wollen. Auch die üblichen Entwurfsmuster in der Branche stützen das Prinzip der Klassen. In JavaScript aber gibt es keine Klassen, und das ist einer der Gründe für die Verwirrung, die sich bei Personen breitmacht, die diese Sprache nach C++ oder Java zu lernen versuchen.

Objektorientierte Sprachen zeichnen sich durch folgende Charakteristika aus:

- **Kapselung**: Daten können zusammen mit der Funktionalität gruppiert werden, die mit diesen Daten arbeitet. Das ist, einfach ausgedrückt, die Definition eines Objekts.
- **Aggregation**: Ein Objekt kann auf ein anderes verweisen.
- **Vererbung**: Ein neu erstelltes Objekt erhält die gleichen Merkmale wie ein anderes Objekt, ohne dass dessen Funktionalität ausdrücklich dupliziert werden muss.
- **Polymorphismus**: Eine Schnittstelle kann von mehreren Objekten implementiert werden.

Auch JavaScript weist alle diese Merkmale auf, doch da die Sprache keine Klassen kennt, sind sie anders umgesetzt, als Sie es vielleicht erwarten. Auf den ersten Blick kann ein JavaScript-Programm sogar wie ein prozedurales Programm aussehen, wie Sie es in C schreiben würden. Wenn Sie eine Funktion schreiben und ihr einige Variablen übergeben, dann haben Sie ein funktionierendes Skript, in dem es scheinbar keine Objekte gibt. Ein genauerer Blick auf die Sprache enthüllt jedoch das Vorhandensein von Objekten, da die Punktschreibweise verwendet wird.

In vielen objektorientierten Sprachen wird die Punktschreibweise eingesetzt, um auf die Eigenschaften und Methoden von Objekten zuzugreifen, und JavaScript geht syntaktisch ebenso vor. Allerdings schreiben Sie in JavaScript keine Klassendefinitionen, importieren keine Pakete und schließen keine Headerdateien ein. Sie fangen einfach an, mit den gewünschten Datentypen Code zu schreiben. Später können Sie diese Typen beliebig gruppieren. Sicherlich ist es möglich, JavaScript auf prozedurale Weise zu schreiben, aber die wirklichen Vorteile zeigen sich erst, wenn Sie die objektorientierten Aspekte ausnutzen. Darum geht es in diesem Buch.

Damit wir uns nicht falsch verstehen: Viele der Prinzipien, die Sie in den herkömmlichen objektorientierten Programmiersprachen kennengelernt haben, müssen nicht unbedingt auch für JavaScript gelten. Das irritiert Anfänger meistens, doch bei der Lektüre dieses Buchs werden Sie schnell feststellen, dass Sie dank der schwach typisierten Natur von JavaScript weniger Code schreiben müssen als in anderen Sprachen, um dieselben Aufgaben zu erledigen. Sie können einfach mit dem Schreiben beginnen, ohne erst die erforderlichen Klassen zu planen. Brauchen Sie ein Objekt mit besonderen Feldern? Erstellen Sie es ad hoc, wann immer Sie wollen! Haben Sie vergessen, einem Objekt eine Methode hinzuzufügen? Kein Problem – ergänzen Sie sie später.

Auf den folgenden Seiten lernen Sie die besondere Art und Weise der objektorientierten Programmierung in JavaScript kennen. Werfen Sie Ihre Vorstellungen über Klassen und klassenbasierte Vererbung über Bord und lassen Sie sich in die prototypenbasierte Vererbung und die Konstruktorfunktionen einführen, die ein ähnliches Verhalten zeigen. Sie erfahren hier, wie Sie Objekte erstellen, wie Sie eigene Typen definieren, wie Sie die Vererbung einsetzen und wie Sie Objekte noch auf viele andere Weisen bearbeiten, um den größten Nutzen aus ihnen zu ziehen. Kurz gesagt, Sie lernen alles, was Sie für die professionelle JavaScript-Entwicklung wissen müssen. Viel Vergnügen!

1.1 Zielgruppe

Dieses Buch dient als Leitfaden für Personen, die sich bereits in objektorientierter Programmierung auskennen und genau wissen wollen, wie sie in JavaScript funktioniert. Wenn Sie mit Java, C# oder der objektorientierten Programmierung in anderen Sprachen vertraut sind, ist das schon ein guter Anhaltspunkt dafür, dass dieses Buch das richtige für Sie ist. Insbesondere richtet sich dieses Buch an die drei folgenden Gruppen von Lesern:

- Entwickler, die mit den Prinzipien der objektorientierten Programmierung vertraut sind und sie auf JavaScript anwenden möchten.
- Entwickler von Webanwendungen und Node.js-Entwickler, die versuchen, ihren Code wirkungsvoller zu strukturieren.
- JavaScript-Neulinge, die ein tieferes Verständnis der Sprache gewinnen möchten.

Dieses Buch ist nicht für Anfänger gedacht, die noch nie in JavaScript programmiert haben. Um dem Text folgen zu können, brauchen Sie ein gutes Verständnis dafür, wie JavaScript-Code geschrieben und ausgeführt wird.

1.2 Überblick

Kapitel 2: Primitive Typen und Referenztypen gibt eine Einführung in die beiden verschiedenen Wertetypen in JavaScript, nämlich primitive Typen und Referenztypen. Sie erfahren hier, worin sie sich unterscheiden und warum die Kenntnis dieser Unterschiede wichtig ist, um JavaScript insgesamt zu verstehen.

Kapitel 3: Funktionen erklärt alle Einzelheiten von Funktionen in JavaScript. Vor allem sogenannte First-Class-Funktionen (Funktionen erster Klasse) machen JavaScript zu einer so interessanten Sprache.

Kapitel 4: Objekte stellt ausführlich den Aufbau von Objekten in JavaScript vor. JavaScript-Objekte verhalten sich anders als Objekte in anderen Sprachen, weshalb ein genaues Verständnis ihrer Funktionsweise unverzichtbar ist, um die Sprache zu beherrschen.

Kapitel 5: Konstruktoren und Prototypen erweitert die vorangegangene Erörterung von Funktionen durch eine genauere Darstellung von Konstruktoren. Alle Konstruktoren sind zwar Funktionen, aber sie werden auch ein kleines bisschen anders eingesetzt. In diesem Kapitel lernen Sie die Unterschiede kennen und erfahren, wie Sie Ihre eigenen Typen erstellen können.

Kapitel 6: Vererbung erklärt, wie die Vererbung in JavaScript bewerkstelligt wird. Auch wenn es in JavaScript keine Klassen gibt, heißt das nicht, dass eine Vererbung unmöglich wäre. In diesem Kapitel lernen Sie die prototypische Vererbung und ihre Unterschiede zur klassenbasierten Vererbung kennen.

Kapitel 7: Objektmuster führt gebräuchliche Objektmuster vor. In JavaScript gibt es viele verschiedene Möglichkeiten, um Objekte anzulegen und zusammenzustellen. In diesem Kapitel lernen Sie die am häufigsten dafür verwendeten Muster kennen.

1.3 Hilfe und Unterstützung

Wenn Sie Fragen haben, Kommentare schreiben oder in irgendeiner anderen Form Rückmeldung zu diesem Buch geben möchten, suchen Sie bitte die Mailingliste unter *http://groups.google.com/group/zakasbooks* (in englischer Sprache) auf.

2 Primitive Typen und Referenztypen

Die meisten Entwickler steigen in die objektorientierte Programmierung mit klassenbasierten Sprachen wie Java oder C# ein. Das anschließende Erlernen von JavaScript kann dann allerdings für Verwirrung sorgen, da JavaScript keine formale Unterstützung für Klassen bietet. Anstatt zu Anfang erst die Klassen zu definieren, können Sie in JavaScript einfach damit beginnen, Code zu schreiben, und legen die Datenstrukturen nur bei Bedarf an. Aus Mangel an Klassen gibt es in JavaScript auch keine Möglichkeiten zur Gruppierung von Klassen wie etwa Pakete. In Sprachen wie Java legen die Paket- und Klassennamen sowohl den Typ der Objekte fest, die Sie verwenden, als auch die Anordnung der Dateien und Ordner im Projekt. Bei der Programmierung in JavaScript dagegen beginnen Sie ohne Vorgaben: Sie können die Elemente gliedern, wie Sie wollen. Manche Entwickler ahmen bewusst die Strukturen anderer Sprachen nach, während andere die Flexibilität von JavaScript ausnutzen und etwas völlig Neues erschaffen. Diese Wahlfreiheit kann Neulinge überfordern. Haben Sie sich aber erst einmal daran gewöhnt, werden Sie feststellen, dass JavaScript eine unglaublich flexible Sprache ist, die Sie ziemlich einfach an Ihre Vorlieben anpassen können.

Um den Übergang von herkömmlichen objektorientierten Sprachen zu erleichtern, sind Objekte ein zentrales Merkmal der Sprache. Fast alle Daten in JavaScript sind entweder Objekte oder durch Objekte zugänglich. Sogar Funktionen (bei denen Sie in anderen Sprachen sonst allerlei Verrenkungen anstellen müssen, um Verweise darauf zu erhalten) werden in JavaScript als Objekte dargestellt, was sie zu *Funktionen erster Klasse* macht.

Um JavaScript verstehen zu können, ist es von entscheidender Bedeutung, sich mit Objekten auszukennen und mit ihnen zu arbeiten. Sie können jederzeit Objekte erstellen und ihnen Eigenschaften hinzufügen oder von ihnen entfernen. Außerdem sind JavaScript-Objekte äußerst flexibel und erlauben es, einmalige und interessante Muster zu erzeugen, die in anderen Sprachen schlicht nicht möglich sind.

In diesem Kapitel geht es um die beiden wichtigsten Arten von Datentypen von JavaScript, nämliche primitive Typen und Referenztypen. Der Zugriff auf beide erfolgt über Objekte, doch es ist wichtig, ihr unterschiedliches Verhalten zu verstehen.

2.1 Was sind Typen?

In JavaScript gibt es zwar das Konzept der Klassen nicht, aber es werden zwei Arten von *Typen* verwendet, primitive Typen und Referenztypen. *Primitive Typen* werden als einfache Datentypen gespeichert, *Referenztypen* als Objekte. Letztere sind eigentlich nur Verweise auf Stellen im Arbeitsspeicher.

Das Knifflige daran ist, dass Sie primitive Typen in JavaScript wie Referenztypen behandeln können. Diese Möglichkeit dient dazu, die Sprache für den Entwickler konsistenter erscheinen zu lassen.

In anderen Sprachen wird zwischen primitiven Typen und Referenztypen dadurch unterschieden, dass Erstere auf dem Stack und Letztere auf dem Heap gespeichert werden. JavaScript gibt dieses Prinzip ganz auf und verfolgt Variablen für einen gegebenen Gültigkeitsbereich mit einem *Variablenobjekt*. Primitive Objekte werden direkt in dem Variablenobjekt gespeichert, Referenzwerte dagegen als Zeiger, der auf die Stelle im Arbeitsspeicher verweist, an der das eigentliche Objekt abgelegt ist. Wie Sie im weiteren Verlauf dieses Kapitels allerdings noch sehen werden, verhalten sich primitive Werte und Referenzwerte sehr unterschiedlich, auch wenn sie auf den ersten Blick gleich aussehen mögen.

Darüber hinaus gibt es natürlich noch andere Unterschiede zwischen primitiven Typen und Referenztypen.

2.2 Primitive Typen

Primitive Typen stehen für einfache Daten, die im Originalzustand gespeichert werden, also z.B. true und 25. In JavaScript gibt es fünf primitive Typen:

Boolesche Werte	true oder false
Zahlen	Numerische Integer- und Fließkommawerte
Strings	Einzelne Zeichen oder Zeichenfolgen, die in einfache oder doppelte Anführungszeichen eingeschlossen sind (in JavaScript gibt es keinen eigenen Zeichentyp)
null	Ein primitiver Typ, der nur einen Wert hat, nämlich null
Nicht definiert	Ein primitiver Typ, der nur einen Wert hat, nämlich undefined (dies ist der Wert, der einer nicht initialisierten Variablen zugewiesen wird)

Die ersten drei Typen (boolesche Werte, Zahlen und Strings) verhalten sich gleichartig, die beiden letzten (null und undefined) dagegen weisen ein paar Besonderheiten auf, wie wir in diesem Kapitel noch sehen werden. Alle primitiven Typen aber besitzen eine Literaldarstellung ihrer Werte. *Literale* stellen Werte dar, die nicht in einer Variablen gespeichert sind, z.B. hartcodierte Namen oder Preisangaben. Die folgenden Beispiele zeigen die Verwendung der Literalform für die einzelnen Typen:

```
// Strings
var name = "Nicholas";
var selection = "a";

// Zahlen
var count = 25;
var cost = 1.51;

// Boolesche Werte
var found = true;

// NULL
var object = null;

// Nicht definiert
var flag = undefined;
var ref; // undefined wird automatisch zugewiesen
```

In JavaScript – wie in vielen anderen Sprachen auch – enthält eine Variable mit einem primitiven Datentyp unmittelbar den primitiven Wert (statt eines Zeigers auf ein Objekt). Wenn Sie einer Variablen einen primitiven Wert zuweisen, wird dieser Wert in die Variable kopiert. Wenn Sie eine Variable mit einer anderen gleichsetzen, erhalten die beiden daher jeweils ihre eigene Kopie der Daten. Betrachten Sie dazu das folgende Beispiel:

```
var color1 = "red";
var color2 = color1;
```

Hier wird `color1` der Wert "red" zugewiesen. Anschließend wird der Variablen `color2` der Wert `color1` zugewiesen, wodurch "red" in `color2` gespeichert wird. `color1` und `color2` enthalten zwar den gleichen Wert, sind aber völlig voneinander getrennt. Wenn Sie den Wert in `color1` ändern, hat das keinerlei Auswirkungen auf `color2` und umgekehrt. Das liegt daran, dass jede Variable ihren eigenen Speicherort hat. Abbildung 2–1 zeigt das Variablenobjekt für diesen Code.

Variablenobjekt	
color1	"red"
color2	"red"

Abb. 2–1   Ein Variablenobjekt

Da jede Variable, die einen primitiven Wert enthält, ihren eigenen Speicherort aufweist, wirken sich Änderungen an der einen Variablen nicht auf die andere aus:

```
var color1 = "red";
var color2 = color1;

console.log(color1); // "red"
console.log(color2); // "red"

color1 = "blue";

console.log(color1); // "blue"
console.log(color2); // "red"
```

In diesem Code wird `color1` in "blue" geändert, während `color2` den ursprünglichen Wert "red" beibehält.

2.2.1 Primitive Typen identifizieren

Die beste Möglichkeit zur Identifizierung primitiver Typen bietet der Operator typeof. Er lässt sich auf jede Variable anwenden und gibt einen String zurück, der den Datentyp beschreibt. Das funktioniert sehr gut bei Strings, Zahlen, booleschen Werten und undefined. Die folgenden Beispiele zeigen die Ausgabe von typeof bei verschiedenen primitiven Werten:

```
console.log(typeof "Nicholas");    // "string"
console.log(typeof 10);            // "number"
console.log(typeof 5.1);           // "number"
console.log(typeof true);          // "boolean"
console.log(typeof undefined);     // "undefined"
```

Wie zu erwarten war, gibt typeof bei einem Stringwert "string" zurück, bei einer Zahl "number" (unabhängig davon, ob es sich um einen Integer oder eine Fließkommazahl handelt), bei einem booleschen Wert "boolean" und bei einem nicht definierten Wert "undefined".

Schwierig wird es bei null.

Sie wären nicht der erste Entwickler, der bei der folgenden Codezeile ins Schleudern geriete:

```
console.log(typeof null);    // "object"
```

Wenn Sie typeof null ausführen, lautet das Ergebnis "object". Wieso wird der Typ als Objekt bezeichnet, wenn er doch null ist? (TC39, das Komitee zur Gestaltung und Pflege von JavaScript, hat zugegeben, dass es sich dabei um einen Fehler handelt. Man könnte jedoch argumentieren, dass null ein leerer Objektzeiger ist, sodass "object" tatsächlich ein logischer Rückgabewert wäre, aber verwirrend ist dieses Ergebnis allemal.)

Um festzustellen, ob ein Wert null ist, vergleichen Sie ihn daher am besten direkt mit null:

```
console.log(value === null);    // true oder false
```

> **Vergleich ohne implizite Typumwandlung**
>
> Beachten Sie, dass in diesem Codebeispiel der dreifache Gleichheitsoperator (===) verwendet wird statt des doppelten. Der Grund dafür ist, dass beim Vergleich mit dem dreifachen Operator keine implizite Umwandlung der Variablen in einen anderen Typ erfolgt. Warum das so wichtig ist, können Sie an dem folgenden Beispiel erkennen:
>
> ```
> console.log("5" == 5);           // true
> console.log("5" === 5);          // false
>
> console.log(undefined == null);  // true
> console.log(undefined === null); // false
> ```
>
> Wenn Sie den doppelten Gleichheitsoperator verwenden, werden der String "5" und die Zahl 5 als gleich betrachtet, da der String vor dem Vergleich in eine Zahl umgewandelt wird. Für den dreifachen Gleichheitsoperator sind die beiden Werte von unterschiedlichem Typ und damit nicht gleich. Ebenso ergibt sich beim Vergleich von undefined und null mit dem doppelten Operator Gleichheit, mit dem dreifachen dagegen nicht. Wenn Sie herauszufinden versuchen, ob ein Typ null ist, müssen Sie den dreifachen Gleichheitsoperator verwenden, um den Typ korrekt bestimmen zu können.

2.2.2 Primitive Methoden

Obwohl Strings, Zahlen und boolesche Werte primitive Typen sind, besitzen sie Methoden. (null und undefined haben keine Methoden.) Vor allem Strings verfügen über zahlreiche Methoden, die die Arbeit mit ihnen erleichtern. Betrachten Sie die folgenden Beispiele:

```
var name = "Nicholas";
var lowercaseName = name.toLowerCase();  // Wandelt den String in
                                         // Kleinbuchstaben um
var firstLetter = name.charAt(0);        // Ruft das erste Zeichen ab

var middleOfName = name.substring(2, 5); // Ruft die Zeichen 2-4 ab

var count = 10;
var fixedCount = count.toFixed(2);       // Wandelt die Zahl in "10.00" um
var hexCount = count.toString(16);       // Wandelt die Zahl in "a" um

var flag = true;
var stringFlag = flag.toString();        // Wandelt den Wert in den
                                         // String "true" um
```

> **Hinweis**
>
> Obwohl sie Methoden haben, sind primitive Werte keine Objekte. In JavaScript sehen sie nur wie Objekte aus, um die Sprache einheitlicher wirken zu lassen. Mehr darüber erfahren Sie weiter hinten in diesem Kapitel.

2.3 Referenztypen

Referenztypen repräsentieren in JavaScript Objekte und sind die Elemente der Sprache, die dem Konzept von Klassen am nächsten kommen. Referenzwerte sind *Instanzen* von Referenztypen; der Begriff ist synonym mit Objekt, weshalb im weiteren Verlauf dieses Kapitels einfach nur von Objekten statt von Referenzwerten gesprochen wird. Ein Objekt ist eine nicht geordnete Liste von *Eigenschaften*, die aus einem Namen (immer ein String) und einem Wert bestehen. Ist der Wert einer Eigenschaft eine Funktion, so handelt es sich um eine *Methode*. Die Funktionen selbst sind in JavaScript Referenzwerte. Es gibt daher kaum einen Unterschied zwischen einer Eigenschaft, die ein Array enthält, und einer anderen, die eine Funktion ausführt – außer dass die Funktion ausgeführt werden kann.

Natürlich müssen Sie Objekte erst erstellen, bevor Sie mit ihnen arbeiten können.

2.3.1 Objekte erstellen

Es kann hilfreich sein, sich JavaScript-Objekte als Hashtabellen vorzustellen wie in Abbildung 2–2.

Objekt	
Name	Wert
Name	Wert

Abb. 2–2   Der Aufbau eines Objekts

Es gibt zwei Möglichkeiten, um Objekte zu erstellen oder zu *instanziieren*. Die erste besteht darin, den Operator new in einem *Konstruktor* zu verwenden. (Ein Konstruktor ist einfach eine Funktion, die new einsetzt, um ein Objekt zu erstellen – jede Funktion kann als Konstruktor dienen.) Vereinbarungsgemäß beginnen die Namen von Konstruktoren in JavaScript mit einem großen Anfangsbuchstaben, um sie von Funktionen zu unterscheiden, die keine Konstruktoren sind. Beispielsweise instanziiert der folgende Code ein generisches Objekt und speichert in object einen Verweis darauf:

```
var object = new Object();
```

Referenztypen speichern das Objekt nicht direkt in der Variablen, der es zugewiesen ist. Die Variable object in diesem Beispiel enthält daher keine Objektinstanz, sondern einen Zeiger (Referenz oder Verweis) auf die Stelle im Arbeitsspeicher, an der sich das Objekt befindet. Dies ist der Hauptunterschied zwischen Objekten und primitiven Werten: Primitive Werte sind direkt in der Variablen gespeichert.

Wenn Sie ein Objekt einer Variablen zuweisen, weisen Sie in Wirklichkeit einen Zeiger zu. Das bedeutet, dass bei der Zuweisung einer Variable zu einer anderen jeder der beiden eine Kopie des Zeigers enthält und beide auf dasselbe Objekte im Arbeitsspeicher verweisen. Betrachten Sie dazu das folgende Beispiel:

```
var object1 = new Object();
var object2 = object1;
```

Dieser Code erstellt zunächst ein Objekt (mithilfe von new) und speichert eine Referenz in object1. Als Nächstes wird object2 der Wert object1 zugewiesen. Nach wie vor gibt es nur eine einzige Instanz des Objekts, das in der ersten Zeile erstellt wurde, aber nun zeigen beide Variablen auf das Objekt, wie Sie in Abbildung 2-3 sehen.

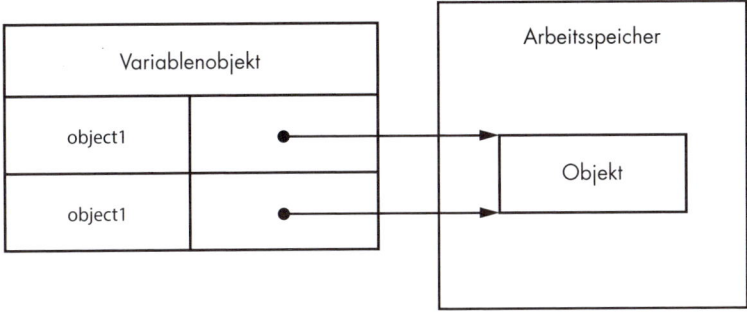

Abb. 2-3 Zwei Variablen zeigen auf dasselbe Objekt.

2.3.2 Objekte dereferenzieren

JavaScript ist eine Sprache mit automatischer Speicherbereinigung (Garbage Collection), weshalb Sie sich bei der Verwendung von Referenztypen im Grunde genommen keine Gedanken um die Speicherzuweisung machen müssen. Trotzdem ist es besser, die Objekte, die Sie nicht mehr benötigen, zu *dereferenzieren*, damit der Garbage Collector den belegten Speicher freigeben kann. Am besten setzen Sie die Objektvariable dazu auf null:

```
var object1 = new Object();

// Mache irgendetwas

object1 = null; // Dereferenzierung
```

Hier wird object1 erstellt und verwendet und schließlich auf null gesetzt. Wenn im Arbeitsspeicher keine Verweise mehr auf ein Objekt vorhanden sind, kann der Garbage Collector den Speicher für etwas anderes verwenden. (Die Dereferenzierung von Objekten ist vor allem in sehr großen Anwendungen wichtig, in denen Millionen von Objekten verwendet werden.)

2.3.3 Eigenschaften hinzufügen und entfernen

Ein weiterer bemerkenswerter Aspekt von Objekten in JavaScript besteht darin, dass Sie jederzeit Eigenschaften hinzufügen und entfernen können:

```
var object1 = new Object();
var object2 = object1;

object1.myCustomProperty = "Toll!";
console.log(object2.myCustomProperty);    // "Toll!"
```

Hier wird `object1` die Eigenschaft `myCustomProperty` mit dem Wert "Toll!" hinzugefügt. Da sowohl `object1` als auch `object2` auf dasselbe Objekt zeigen, ist diese Eigenschaft auch über `object2` zugänglich.

> **Hinweis**
>
> Dieses Beispiel zeigt einen einzigartigen Aspekt von JavaScript: Sie können Objekte jederzeit ändern, selbst wenn Sie sie noch gar nicht definiert haben. Wie Sie noch erfahren werden, gibt es auch Möglichkeiten, um solche Änderungen zu verhindern.

Neben den generischen Referenztypen stehen Ihnen in JavaScript verschiedene eingebaute Typen zur Verfügung.

2.4 Eingebaute Typen instanziieren

Wie Sie generische Objekte mit `new Object()` erstellen und mit ihnen arbeiten, wissen Sie jetzt. `Object` ist aber nur einer von mehreren eingebauten Referenztypen, die JavaScript bietet. Die anderen sind auf besondere Zwecke zugeschnitten und können ebenfalls jederzeit instanziiert werden.

Es handelt sich dabei um folgende Typen:

`Array`	Geordnete Liste numerisch indizierter Werte
`Date`	Datum und Uhrzeit
`Error`	Laufzeitfehler (es gibt mehrere spezifische Untertypen von Fehlern)
`Function`	Funktion
`Object`	Generisches Objekt
`RegExp`	Regulärer Ausdruck

Jeden der eingebauten Referenztypen können Sie wie folgt mit new instanziieren:

```
var items = new Array();
var now = new Date();
var error = new Error("Irgendwo ist ein Fehler aufgetreten.");
var func = new Function("console.log('Hi');");
var object = new Object();
var re = new RegExp("\\d+");
```

2.4.1 Literalformen

Mehrere der eingebauten Referenztypen weisen Literalformen auf. Mithilfe der *Literalsyntax* können Sie einen Referenzwert definieren, ohne ausdrücklich ein Objekt mit dem Operator new und dem Konstruktor zu erstellen. (Weiter vorn in diesem Kapitel haben Sie bereits Beispiele für primitive Literale wie Stringliterale, numerische Literale, boolesche Literale und die Literale null und undefined gesehen.)

2.4.2 Objekt- und Arrayliterale

Um ein Objekt mit der *Objektliteralsyntax* zu erstellen, definieren Sie seine Eigenschaften in geschweiften Klammern. Eigenschaften bestehen aus einem Bezeichner oder String, einem Doppelpunkt und einem Wert, wobei mehrere Eigenschaften durch Kommata getrennt werden. Betrachten Sie dazu das folgende Beispiel:

```
var book = {
   name: "JavaScript objektorientiert",
   year: 2014
};
```

Sie können als Eigenschaftsnamen auch Stringliterale verwenden, was vor allem dann nützlich ist, wenn der Eigenschaftsname Leerzeichen oder Sonderzeichen aufweist:

```
var book = {
   "name": "JavaScript objektorientiert",
   "year": 2014
};
```

Bis auf die syntaktischen Unterschiede ist dieses Beispiel mit dem vorhergehenden identisch. Alle beide sind auch logisch gleichwertig mit dem folgenden:

```
var book = new Object();
book.name = "JavaScript objektorientiert";
book.year = 2014;
```

Alle drei Beispiele führen zum selben Ergebnis, nämlich einem Objekt mit zwei Eigenschaften. Welches Muster Sie wählen, bleibt Ihnen überlassen, denn der Vorgang ist letzten Endes derselbe.

> **Hinweis**
>
> Bei der Verwendung eines Objektliterals wird new Object() nicht aufgerufen. Die JavaScript-Engine führt stattdessen dieselben Schritte durch wie bei der Verwendung von new Object(), ohne den Konstruktor aufzurufen. Das gilt für alle Literale von Referenztypen.

Ein *Arrayliteral* können Sie auf ähnliche Weise definieren, wobei Sie eine beliebige Zahl von kommagetrennten Werten in eckige Klammern stellen:

```
var colors = [ "red", "blue", "green" ];
console.log(colors[0]); // "red"
```

Dieser Code ist identisch mit dem folgenden:

```
var colors = new Array("red", "blue", "green")
console.log(colors[0]); // "red"
```

2.4.3 Funktionsliterale

Funktionen werden praktisch immer in der Literalform definiert. Da sich ein Codestring erheblich schwieriger lesen, debuggen und warten lässt als echter Code, wirkt die Verwendung des Konstruktors Function eher abschreckend, sodass Sie ihn nur selten sehen werden.

In der Literalform lassen sich Funktionen viel einfacher und weniger fehleranfällig erstellen:

```
function reflect(value) {
  return value;
}

// Dies ist identisch mit:

var reflect = new Function("value", "return value;");
```

Dieser Code definiert die Funktion `reflect()`, die jeden ihr übergebenen Wert zurückgibt. Selbst diese einfache Funktion lässt sich in der Literalform viel einfacher schreiben und verstehen als in der Konstruktorform. Außerdem gibt es keine bequeme Möglichkeit, um Funktionen in der Konstruktorform zu debuggen, da sie von den JavaScript-Debuggern nicht erkannt werden und daher innerhalb Ihrer Anwendung eine Blackbox darstellen.

2.4.4 Literale für reguläre Ausdrücke

JavaScript bietet auch *Literale für reguläre Ausdrücke*, mit denen Sie reguläre Ausdrücke definieren können, ohne auf den Konstruktor `RegExp` zurückgreifen zu müssen. Diese Literale sehen den regulären Ausdrücken in Perl sehr ähnlich: Das Muster steht zwischen zwei Schrägstrichen, und jegliche weiteren Optionen werden durch einzelne Zeichen dargestellt, die auf den zweiten Schrägstrich folgen:

```
var numbers = /\d+/g;

// Dies ist identisch mit:

var numbers = new RegExp("\\d+", "g");
```

Die Literalform für reguläre Ausdrücke ist ein bisschen einfacher als die Konstruktorform, da Sie sich hierbei keine Gedanken darüber machen müssen, Zeichen innerhalb der Strings zu maskieren. Wenn Sie `RegExp` verwenden, übergeben Sie das Muster als String, weshalb Sie alle umgekehrten Schrägstriche maskieren müssen. (Daher wird aus dem \d der Literalform in der Konstruktorform ein \\d.) In JavaScript wird die Literalform für reguläre Ausdrücke gegenüber der Konstruktorform bevorzugt, es sei denn, der reguläre Ausdruck wird dynamisch aus einem oder mehreren Strings aufgebaut.

Allerdings gibt es mit Ausnahme von Function keine »richtige« oder »falsche« Möglichkeit zur Instanziierung der eingebauten Typen. Manche Entwickler bevorzugen Literale, andere Konstruktoren. Wählen Sie die Vorgehensweise, die für Sie am bequemsten ist.

2.5 Zugriff auf Eigenschaften

Eigenschaften sind in einem Objekt gespeicherte Name/Wert-Paare. In JavaScript wird (ebenso wie in vielen anderen objektorientierten Sprachen) am häufigsten mithilfe der Punktschreibweise auf Eigenschaften zugegriffen, allerdings können Sie auch die Schreibweise mit eckigen Klammern und einem String verwenden.

Das folgende Beispiel zeigt Code mit der Punktschreibweise:

```
var array = [];
array.push(12345);
```

Bei der Klammerschreibweise wird der Name der Methode als String in eckigen Klammern angegeben:

```
var array = [];
array["push"](12345);
```

Diese Syntax ist sehr nützlich, wenn Sie dynamisch entscheiden wollen, auf welche Eigenschaft Sie zugreifen möchten. Im folgenden Beispiel wird es durch die Klammerschreibweise möglich, zur Angabe der gewünschten Eigenschaft eine Variable statt des Stringliterals zu verwenden:

```
var array = [];
var method = "push";
array[method](12345);
```

In diesem Code hat die Variable method den Wert "push", sodass für das Array push() aufgerufen wird. Diese Vorgehensweise ist sehr hilfreich, wie Sie in diesem Buch noch sehen werden. Abgesehen von der Syntax unterscheiden sich die Punkt- und Klammerschreibweise weder in der Leistung noch in anderen Dingen, sondern nur darin, dass Sie bei der Klammerschreibweise Sonderzeichen in Eigenschaftsnamen verwenden können. Allerdings ist die Punktschreibweise für Entwickler gewöhnlich einfacher zu lesen, weshalb sie häufiger eingesetzt wird.

2.6 Referenztypen identifizieren

Funktionen lassen sich von allen Referenztypen am einfachsten identifizieren, da der Operator typeof dafür "function" wiedergibt:

```
function reflect(value) {
   return value;
}
console.log(typeof reflect);    // "function"
```

Bei allen anderen Referenztypen ist die Identifizierung schwieriger, da typeof für sie immer nur "object" zurückgibt, was nicht sehr hilfreich ist, wenn Sie es mit vielen verschiedenen Typen zu tun haben. Um Referenztypen einfacher zu erkennen, können Sie den JavaScript-Operator instanceof verwenden.

Dieser Operator nimmt ein Objekt und einen Konstruktor als Parameter entgegen. Wenn der Wert eine Instanz des Typs ist, den der Konstruktor bezeichnet, gibt instanceof den Wert true zurück, anderenfalls false:

```
var items = [];
var object = {};

function reflect(value) {
   return value;
}

console.log(items instanceof Array);          // true
console.log(object instanceof Object);        // true
console.log(reflect instanceof Function);     // true
```

In diesem Beispiel werden mehrere Werte mithilfe von instanceof und einem Konstruktor geprüft. Jeder Referenztyp wird dabei korrekt durch die Verwendung von instanceof und den Konstruktor identifiziert, der für den wahren Typ steht (und zwar auch dann, wenn die Variable ohne den Konstruktor erstellt wurde).

Der Operator instanceof kann auch geerbte Typen erkennen: Da jeder Referenztyp von Object erbt, ist jedes Objekt letzten Endes auch eine Instanz von Object.

Um das zu veranschaulichen, werden die drei zuvor erstellten Referenzen im folgenden Code noch einmal mit instanceof untersucht:

```
var items = [];
var object = {};

function reflect(value) {
  return value;
}

console.log(items instanceof Array);          // true
console.log(items instanceof Object);         // true
console.log(object instanceof Object);        // true
console.log(object instanceof Array);         // false
console.log(reflect instanceof Function);     // true
console.log(reflect instanceof Object);       // true
```

Jeder Referenztyp wird korrekt als Instanz von Object erkannt, dem Typ, von dem alle Referenztypen abgeleitet sind.

2.7 Arrays identifizieren

Zwar kann instanceof Arrays identifizieren, allerdings gibt es eine Ausnahme, die Webentwickler betrifft: JavaScript-Werte können zwischen Frames auf derselben Webseite hin und her übertragen werden. Das kann zu einem Problem führen, wenn Sie versuchen, den Typ eines Referenzwerts zu bestimmen, da jede Webseite ihren eigenen globalen Kontext hat, also ihre eigene Version von Object, Array und den anderen eingebauten Typen. Wenn Sie daher ein Array von einem Frame in einen anderen übertragen, funktioniert instanceof nicht mehr, da das Array nun eine Instanz von Array in einem anderen Frame ist.

Um dieses Problem zu lösen, wurde in ECMAScript 5 Array.isArray() eingeführt, wodurch ein Wert unabhängig von seinem Ursprung als Instanz von Array erkannt wird. Diese Methode gibt true zurück, wenn ihr ein Wert übergeben wird, der ein natives Array aus einem beliebigen Kontext ist. Wenn Ihre Umgebung mit ECMAScript 5 kompatibel ist, bietet Array.isArray() die beste Möglichkeit zur Identifizierung von Arrays:

```
var items = [];

console.log(Array.isArray(items));  // true
```

Die Methode `Array.isArray()` wird in den meisten Umgebungen unterstützt, sowohl in Browsern als auch in `Node.js`, allerdings nicht in Internet Explorer 8 und früheren Versionen.

2.8 Wrapper-Typen für primitive Typen

Einer der verwirrendsten Aspekte von JavaScript ist das Konzept der *Wrapper-Typen für primitive Typen*, von denen es drei gibt (`String`, `Number` und `Boolean`). Diese besonderen Referenztypen dienen dazu, um mit primitiven Typen genauso einfach arbeiten zu können, als wären es Objekte. (Es wäre ziemlich störend, wenn Sie eine andere Syntax verwenden oder gar zu einem prozeduralen Stil wechseln müssten, nur um einen Teilstring abzurufen.)

Bei den Wrapper-Typen handelt es sich um Referenztypen, die beim Lesen von Strings, Zahlen und booleschen Werten automatisch im Hintergrund erstellt werden. Beispielsweise wird in der ersten Zeile des folgenden Codes ein primitiver Stringwert `name` zugewiesen. In der zweiten Zeile wird `name` wie ein Objekt verwendet und `charAt(0)` mit der Punktschreibweise aufgerufen:

```
var name = "Nicholas";
var firstChar = name.charAt(0);
console.log(firstChar);            // "N"
```

Hinter den Kulissen geschieht hier Folgendes:

```
// Was die JavaScript-Engine erledigt
var name = "Nicholas";
var temp = new String(name);
var firstChar = temp.charAt(0);
temp = null;
console.log(firstChar);            // "N"
```

Da in der zweiten Zeile ein String (ein primitiver Typ) wie ein Objekt behandelt wird, erstellt die JavaScript-Engine eine Instanz von `String`, sodass `charAt(0)` funktioniert. Das `String`-Objekt existiert nur für diese eine Anweisung und wird dann gleich wieder zerstört (dieser Vorgang wird als *Autoboxing* bezeichnet). Um das auszuprobieren, versuchen Sie einem String eine Eigenschaft hinzuzufügen, als wäre er ein reguläres Objekt:

```
var name = "Nicholas";
name.last = "Zakas";

console.log(name.last);          // undefined
```

Dieser Code versucht, dem String name die Eigenschaft last hinzuzufügen. Es wird kein Fehler gemeldet, aber die Eigenschaft verschwindet. Was ist geschehen? Bei der Arbeit mit regulären Objekten können Sie Eigenschaften jederzeit hinzufügen, und diese Eigenschaften bleiben erhalten, bis Sie sie manuell wieder entfernen. Bei Wrapper-Typen dagegen scheinen die Eigenschaften zu verschwinden, da das Objekt, dem Sie sie zugewiesen haben, unmittelbar darauf wieder zerstört wird.

In der JavaScript-Engine läuft folgender Vorgang ab:

```
// Was die JavaScript-Engine erledigt
var name = "Nicholas";
var temp = new String(name);
temp.last = "Zakas";
temp = null;                     // Das temporäre Objekt wird zerstört

var temp = new String(name);
console.log(temp.last);          // undefined
temp = null
```

Anstatt dem String eine neue Eigenschaft zuzuweisen, erstellt der Code in Wirklichkeit eine neue Eigenschaft für ein temporäres Objekt, das dann zerstört wird. Wenn Sie später versuchen, auf diese Eigenschaft zuzugreifen, wird ein anderes temporäres Objekt erstellt, das natürlich nicht über die Eigenschaft verfügt. Es werden zwar automatisch Referenzwerte für primitive Werte erstellt, doch wenn Sie diese Typen mit instanceof überprüfen, ergibt sich false:

```
var name = "Nicholas";
var count = 10;
var found = false;

console.log(name instanceof String);      // false
console.log(count instanceof Number);     // false
console.log(found instanceof Boolean);    // false
```

Der Operator `instanceof` gibt `false` zurück, denn die temporären Objekte werden nur beim Lesen eines Werts erstellt. Da `instanceof` nichts liest, wird auch kein temporäres Objekt erstellt, sodass der Operator uns mitteilt, dass die Werte keine Instanzen der Wrapper-Typen sind. Zwar können Sie die Wrapper-Typen für primitive Typen auch manuell erstellen, allerdings ist das mit gewissen Nebenwirkungen verbunden:

```
var name = new String("Nicholas");
var count = new Number(10);
var found = new Boolean(false);

console.log(typeof name);    // "object"
console.log(typeof count);   // "object"
console.log(typeof found);   // "object"
```

Wenn Sie eine Instanz eines Wrapper-Typs für einen primitiven Typ erstellen, wird dadurch einfach nur ein neues Objekt angelegt, sodass `typeof` nicht erkennen kann, welche Art von Daten Sie speichern wollen.

Außerdem können Sie `String`-, `Number`- und `Boolean`-Objekte nicht so verwenden wie primitive Werte. Beispielsweise wird im folgenden Code ein `Boolean`-Objekt eingesetzt. Es ist `false` und doch wird `console.log("Found")` ausgeführt, da ein Objekt innerhalb einer Bedingungsanweisung immer als `true` angesehen wird. Es spielt keine Rolle, dass das Objekt für den Wert `false` steht; weil es ein Objekt ist, wird es als `true` ausgewertet.

```
var found = new Boolean(false);

if (found) {
    console.log("Found");    // Wird ausgeführt
}
```

Wrapper-Typen für primitive Typen manuell zu instanziieren, kann auch noch auf andere Weise Verwirrung stiften. Sofern Sie nicht auf einen ganz besonderen Fall stoßen, in dem diese Vorgehensweise sinnvoll ist, sollten Sie daher darauf verzichten. Meistens führt die Verwendung von Wrapper-Objekten anstelle von primitiven Typen nur zu Fehlern.

2.9 Zusammenfassung

In JavaScript gibt es zwar keine Klassen, aber dafür Typen. Jede Variable und alle einzelnen Daten weisen einen primitiven Typ oder einen Referenztyp auf. Die fünf primitiven Typen (Strings, Zahlen, boolesche Werte, null und undefined) stehen für einfache Werte, die direkt in dem Variablenobjekt für den gegebenen Kontext gespeichert sind. Mit typeof können Sie die primitiven Typen identifizieren. Die einzige Ausnahme bildet null: Hier müssen Sie einen direkten Vergleich mit dem besonderen Wert null durchführen.

Referenztypen sind die Elemente von JavaScript, die Klassen am nächsten kommen, und Objekte sind Instanzen von Referenztypen. Neue Objekte können Sie mit dem Operator new oder mit einem Referenzliteral erstellen. Für den Zugriff auf Eigenschaften und Methoden verwenden Sie hauptsächlich die Punktschreibweise, allerdings ist auch die Schreibweise mit eckigen Klammern möglich. Funktionen sind in JavaScript Objekte und können mit dem Operator typeof identifiziert werden. Zur Bestimmung aller anderen Referenztypen verwenden Sie instanceof zusammen mit einem Konstruktor.

Damit die primitiven Typen den Referenztypen ähnlicher erscheinen, gibt es in JavaScript die drei Wrapper-Typen String, Number und Boolean. Objekte dieser Typen werden von JavaScript hinter den Kulissen erstellt, damit Sie primitive Werte wie reguläre Objekte behandeln können. Allerdings werden diese temporären Objekte zerstört, sobald die Anweisung, in der sie verwendet werden, abgeschlossen ist. Es ist zwar möglich, eigene Instanzen dieser Wrapper-Typen zu erstellen, doch sollten Sie darauf verzichten, da dies zur Verwirrung führen kann.

3 Funktionen

Wie in Kapitel 2 bereits erwähnt, sind Funktionen in JavaScript eigentlich Objekte. Das besondere Merkmal von Funktionen – das, was sie von allen anderen Objekten unterscheidet – ist die *interne Eigenschaft* [[Call]]. Interne Eigenschaften sind nicht über den Code zugänglich, sondern legen ihrerseits das Verhalten des Codes fest. In ECMAScript sind mehrere interne Eigenschaften für JavaScript-Objekte definiert. Alle diese Eigenschaften werden durch die doppelten eckigen Klammern gekennzeichnet.

Die Eigenschaft [[Call]] ist auf Funktionen beschränkt und gibt an, dass das Objekt ausgeführt werden kann. Da nur Funktionen diese Eigenschaft aufweisen, ist der Operator typeof in ECMAScript so definiert, dass er "function" für alle Objekte mit der Eigenschaft [[Call]] zurückgibt. In der Vergangenheit hat das manchmal zu Verwechslungen geführt, da auch einige Browser eine [[Call]]-Eigenschaft für reguläre Ausdrücke einführten, die dann fälschlicherweise als Funktionen erkannt wurden. Mittlerweile aber verhalten sich alle Browser gleich, sodass typeof reguläre Ausdrücke nicht mehr für Funktionen hält.

In diesem Kapitel geht es um die verschiedenen Möglichkeiten, wie Funktionen in JavaScript definiert und ausgeführt werden. Da Funktionen Objekte sind, verhalten sie sich anders als die Funktionen in anderen Sprachen. Dieses abweichende Verhalten ist von entscheidender Bedeutung für ein gutes Verständnis von JavaScript.

3.1 Der Unterschied zwischen Deklarationen und Ausdrücken *(anonyme Funktionen)*

Für Funktionen gibt es sogar zwei Literalformen. Die erste ist die *Funktionsdeklaration*. Sie beginnt mit dem Schlüsselwort function, worauf unmittelbar der Funktionsname folgt. Die Inhalte der Funktion stehen dann in geschweiften Klammern, wie Sie in der folgenden Deklaration sehen können:

```
function add(num1, num2) {
    return num1 + num2;
}
```

Die zweite Form ist der *Funktionsausdruck*, bei dem hinter function kein Name erforderlich ist. Solche Funktionen werden als anonym bezeichnet, da das Funktionsobjekt namenlos ist. Der Verweis auf Funktionsausdrücke erfolgt daher gewöhnlich über eine Variable oder eine Eigenschaft:

```
var add = function(num1, num2) {
    return num1 + num2;
};
```

In diesem Code wird der Variablen add ein Funktionswert zugewiesen. Dieser Funktionsausdruck ist fast identisch mit der zuvor gezeigten Funktionsdeklaration – bis auf den fehlenden Namen und das Semikolon am Ende. Zuweisungsausdrücke enden gewöhnlich mit einem Semikolon, genauso wie bei der Zuweisung eines anderen Werts.

Diese beiden Formen sehen zwar sehr ähnlich aus, unterscheiden sich aber grundlegend voneinander. Bei der Ausführung des Codes werden Funktionsdeklarationen an die Spitze des Kontexts gehoben (*Hoisting*) – also entweder in die Funktion, in der die Deklaration auftritt, oder in den globalen Gültigkeitsbereich. Das bedeutet, dass Sie eine Funktion bereits im Code verwenden und erst später definieren können, ohne dass Sie dadurch einen Fehler verursachen:

```
var result = add(5, 5);

function add(num1, num2) {
    return num1 + num2;
}
```

Dieser Code mag zwar so aussehen, als würde er einen Fehler hervorrufen, er funktioniert aber problemlos. Das liegt daran, dass die JavaScript-Engine die Funktionsdeklaration an die Spitze befördert und den Code so ausführt, als wäre er wie folgt geschrieben:

```
// Wie die JavaScript-Engine den Code deutet
function add(num1, num2) {
   return num1 + num2;
}

var result = add(5, 5);
```

Dieses Hoisting geschieht nur bei Funktionsdeklarationen, da der Funktionsname im Voraus bekannt ist. Bei Funktionsausdrücken ist dies dagegen nicht möglich, weil die Funktion nur über eine Variable zugänglich ist. Der folgende Code führt daher zu einem Fehler:

```
// Fehler!
var result = add(5, 5);

var add = function(num1, num2) {
   return num1 + num2;
};
```

Wenn Sie also Funktionen immer vor ihrer Verwendung definieren, können Sie sowohl Funktionsdeklarationen als auch Funktionsausdrücke benutzen.

3.2 Funktionen als Werte

Da Sie es in JavaScript mit Funktionen erster Klasse zu tun haben, können Sie sie wie alle anderen Objekte verwenden, also an Variablen zuweisen, zu Objekten hinzufügen, als Argumente an andere Funktionen übergeben und von Funktionen zurückgeben lassen. Im Grunde genommen können Sie eine Funktion überall dort einsetzen, wo Sie auch einen anderen Referenzwert verwenden können. Das macht JavaScript-Funktionen so unglaublich vielseitig. Betrachten Sie dazu das folgende Beispiel:

```
function sayHi() {                    ❶
  console.log("Hi!");
}

sayHi();    // Gibt "Hi!" aus

var sayHi2 = sayHi;                   ❷
sayHi2();   // Gibt "Hi!" aus
```

Dieser Code enthält eine Funktionsdeklaration für sayHi ❶. Danach wird die Variable sayHi2 erzeugt und ihr wird der Wert sayHi zugewiesen ❷. Sowohl sayHi als auch sayHi2 zeigen jetzt auf dieselbe Funktion, sodass beide ausgeführt werden können und dabei dasselbe Ergebnis erzeugen. Um zu verstehen, warum das so ist, sehen Sie sich den Code in der folgenden Schreibweise mit dem Konstruktor Function an:

```
var sayHi = new Function("console.log(\"Hi!\");");

sayHi();      // Gibt "Hi!" aus

var sayHi2 = sayHi;

sayHi2();     // Gibt "Hi!" aus
```

Der Konstruktor Function macht es deutlicher, dass sayHi wie jedes andere Objekt übergeben werden kann. Wenn Sie daran denken, dass Funktionen Objekte sind, ergeben viele Verhaltensweisen gleich mehr Sinn.

So können Sie beispielsweise eine Funktion als Argument an eine andere übergeben. Die Methode sort() für JavaScript-Arrays nimmt als optionalen Parameter eine Funktion für den Vergleich zweier Werte in dem Array an. Ist der erste Wert kleiner als der zweite, muss die Vergleichsfunktion eine negative Zahl zurückgeben, anderenfalls eine positive. Sind beide Werte gleich, muss das Ergebnis 0 lauten.

Standardmäßig wandelt sort() alle Elemente in dem Array in Strings um und führt einen Vergleich durch. Um ein Array aus Zahlen korrekt sortieren zu können, müssen Sie daher eine Vergleichsfunktion bereitstellen:

```
var numbers = [ 1, 5, 8, 4, 7, 10, 2, 6 ];
numbers.sort(function(first, second) {                  ❶
   return first - second;
});

console.log(numbers);   // "[1, 2, 4, 5, 6, 7, 8, 10]"

numbers.sort();                                         ❷
console.log(numbers);   // "[1, 10, 2, 4, 5, 6, 7, 8]"
```

Die Vergleichsfunktion ❶, die in diesem Beispiel an sort() übergeben wird, ist ein Funktionsausdruck. Die Funktion besitzt keinen Namen; sie existiert nur als Verweis, der an eine andere Funktion übergeben wird (was sie zu einer *anonymen Funktion* macht). Durch die Subtraktion der beiden Werte sorgt die Vergleichsfunktion dafür, dass das richtige Ergebnis zurückgegeben wird.

Vergleichen Sie dies mit dem zweiten Aufruf von sort() ❷, bei dem keine Vergleichsfunktion angegeben ist. Hier wird das Array auf eine unerwartete Weise sortiert – die 10 folgt unmittelbar auf die 1! Das liegt daran, dass die Standardvergleichsfunktion alle Werte zunächst in Strings umwandelt.

3.3 Parameter

Als weiteres einzigartiges Merkmal von JavaScript-Funktionen können Sie ihnen beliebig viele Parameter übergeben, ohne einen Fehler zu verursachen. Das liegt daran, dass die Funktionsparameter in Form einer arrayähnlichen Struktur namens arguments gespeichert werden. Ebenso wie reguläre JavaScript-Arrays kann auch arguments wachsen, um beliebig viele Werte aufzunehmen. Angesprochen werden diese Werte über einen numerischen Index, wobei die Eigenschaft length angibt, wie viele Werte zurzeit vorhanden sind.

Das Objekt arguments steht in jeder Funktion automatisch zur Verfügung. Das bedeutet, dass benannte Parameter in Funktionen hauptsächlich der Bequemlichkeit dienen und die Anzahl der Argumente, die eine Funktion annehmen kann, nicht einschränken.

> **Hinweis**
>
> Das Objekt arguments ist keine Instanz von Array und hat daher nicht dieselben Methoden wie ein reguläres Array. Array.isArray(arguments) gibt stets false zurück.

Andererseits ignoriert JavaScript benannte Parameter von Funktionen auch nicht. In der Eigenschaft length einer Funktion wird festgehalten, wie viele Argumente die Funktion erwartet. Denken Sie daran, dass eine Funktion ein Objekt ist, also auch Eigenschaften haben kann. Die Eigenschaft length definiert die *Arität* der Funktion, also die Anzahl der erwarteten Parameter. Die Arität zu kennen, ist in JavaScript wichtig, da kein Fehler ausgelöst wird, wenn Sie einer Funktion zu viele oder zu wenig Parameter übergeben.

Das folgende einfache Beispiel veranschaulicht arguments und die Arität von Funktionen. Beachten Sie, dass die Anzahl der tatsächlich an die Funktion übergebenen Argumente keine Auswirkung auf die gemeldete Arität hat.

```
function reflect(value) {
    return value;
}

console.log(reflect("Hi!"));         // "Hi!"
console.log(reflect("Hi!", 25));     // "Hi!"
console.log(reflect.length);         // 1

reflect = function() {
    return arguments[0];
};

console.log(reflect("Hi!"));         // "Hi!"
console.log(reflect("Hi!", 25));     // "Hi!"
console.log(reflect.length);         // 0
```

In diesem Beispiel wird die Funktion reflect() mit einem einzigen benannten Parameter definiert, allerdings verursacht es keinen Fehler, wenn dieser Funktion ein zweiter Parameter übergeben wird. Da es nur einen einzigen benannten Parameter gibt, hat die Eigenschaft length auch den Wert 1. Anschließend wird die Funktion reflect() ohne benannte Parameter neu definiert. Sie gibt arguments[0] zurück, also das erste übergebene Argument. Diese neue Version funktioniert genauso wie die erste, hat aber einen length-Wert von 0.

Die erste Implementierung von reflect() ist leichter verständlich, da hier (wie in anderen Sprachen) ein benanntes Argument verwendet wird. Die Version mit dem arguments-Objekt kann verwirrend sein, da es keine benannten Argumente gibt. Um zu bestimmen, ob irgendwelche Argumente verwendet werden, müssen Sie erst den Rumpf der Funktion lesen. Aus diesem Grund vermeiden viele Entwickler die Verwendung von arguments, sofern sie nicht notwendig ist.

Manchmal ist die Verwendung von arguments jedoch wirkungsvoller als die von benannten Parametern. Nehmen Sie beispielsweise an, Sie möchten eine Funktion schreiben, die eine beliebige Anzahl von Parametern annimmt und deren Summe zurückgibt. Da Sie im Voraus nicht wissen, wie viele Parameter Sie brauchen, können Sie sie auch nicht benennen. In diesem Fall stellt arguments die beste Möglichkeit dar.

```
function sum() {

    var result = 0,
        i = 0,
        len = arguments.length;

    while (i < len) {
        result += arguments[i];
        i++;
    }

    return result;
}

console.log(sum(1, 2));          // 3
console.log(sum(3, 4, 5, 6));    // 18
console.log(sum(50));            // 50
console.log(sum());              // 0
```

Die Funktion sum() nimmt beliebig viele Parameter an und addiert sie, indem sie in einer while-Schleife die Werte in arguments durchläuft. Das funktioniert genauso wie die Addition der Werte in einem aus Zahlen bestehenden Array. Da result mit dem Wert 0 initialisiert wird, funktioniert sum() auch korrekt, wenn ihr gar keine Parameter übergeben werden.

3.4 Überladung

In den meisten objektorientierten Sprachen ist eine *Funktionsüberladung* möglich, wobei eine Funktion mehrere *Signaturen* aufweisen kann. Eine solche Signatur besteht aus dem Funktionsnamen sowie der Anzahl und dem Typ der erwarteten Parameter. So kann eine Funktion beispielsweise eine Signatur haben, die ein einziges Stringargument annimmt, und eine andere, die zwei numerische Argumente akzeptiert. Aufgrund der übergebenen Argumente entscheidet die Sprache, welche Version der Funktion aufgerufen wird.

Wie bereits erwähnt, können JavaScript-Funktionen aber beliebig viele Parameter annehmen, wobei die Typen dieser Parameter nirgendwo festgelegt sind. Das bedeutet, dass JavaScript-Funktionen gar keine Signaturen besitzen. Ohne Signaturen kann es aber auch keine Überladung geben. Schauen Sie sich an, was passiert, wenn Sie zwei Funktionen mit demselben Namen deklarieren:

```
function sayMessage(message) {
   console.log(message);
}

function sayMessage() {
   console.log("Default message");
}

sayMessage("Hello!");   // Gibt "Default message" aus
```

In einer anderen Sprache würde sayMessage("Hello!") wahrscheinlich "Hello!" ausgeben. In JavaScript jedoch wird bei der Definition mehrerer Funktionen mit demselben Namen diejenige verwendet, die als letzte in dem Code erscheint. Die früheren Funktionsdeklarationen werden komplett entfernt. Auch in solchen Situationen ist es hilfreich, sich die Funktionen als Objekte vorzustellen:

```
var sayMessage = new Function("message", "console.log(message);");

sayMessage = new Function("console.log(\"Default message\");");

sayMessage("Hello!");   // Gibt "Default message" aus
```

Wenn Sie sich den Code auf diese Weise ansehen, wird klar, warum das frühere Beispiel nicht funktioniert. Hier wird an sayMessage zweimal hintereinander ein Funktionsobjekt übergeben, weshalb das erste verloren geht.

Dass JavaScript-Funktionen keine Signaturen haben, heißt aber nicht, dass Sie die Funktionsüberladung nicht nachahmen können. Mithilfe des Objekts arguments können Sie die Anzahl der übergebenen Parameter ermitteln und anhand dieser Information dann bestimmen, was zu tun ist.

Betrachten Sie dazu das folgende Beispiel:

```
function sayMessage(message) {

    if (arguments.length === 0) {
        message = "Default message";
    }

    console.log(message);
}

sayMessage("Hello!");   // Gibt "Hello!" aus
```

Hier verhält sich die Funktion sayMessage() je nach der Anzahl der übergebenen Parameter unterschiedlich. Werden keine Parameter übergeben (arguments.length === 0), so wird die Standardmeldung ausgegeben, anderenfalls der erste Parameter. Das ist ein bisschen aufwendiger als die Funktionsüberladung in anderen Sprachen, führt aber zum gleichen Ergebnis. Wenn Sie eine Überprüfung auf verschiedene Datentypen durchführen wollen, können Sie dazu typeof und instanceof verwenden.

> **Hinweis**
>
> In der Praxis ist es üblicher, die benannten Parameter auf undefined zu überprüfen, anstatt sich auf arguments.length zu verlassen.

3.5 Objektmethoden

Wie in Kapitel 2 erwähnt, können Sie Objekten jederzeit Eigenschaften hinzufügen und entfernen. Wenn es sich bei einem Eigenschaftswert um eine Funktion handelt, dann wird diese Eigenschaft als Methode betrachtet. Methoden fügen Sie Objekten auf die gleiche Weise hinzu wie Eigenschaften. Beispielsweise wird der Variablen person in dem folgenden Code ein Objektliteral mit der Eigenschaft name und der Methode sayName zugewiesen:

```
var person = {
    name: "Nicholas",
    sayName: function() {
        console.log(person.name);
    }
};

person.sayName();    // Gibt "Nicholas" aus
```

Beachten Sie, dass für Dateneigenschaften und für Methoden genau die gleiche Syntax verwendet wird – ein Bezeichner gefolgt von einem Doppelpunkt und dem Wert. Im Fall von sayName ist der Wert zufällig eine Funktion. Die Methode können Sie direkt über das Objekt aufrufen, in diesem Fall als person.sayName("Nicholas").

3.5.1 Das this-Objekt

Vielleicht ist Ihnen bei dem vorhergehenden Beispiel etwas Merkwürdiges aufgefallen. Die Methode sayName() verweist direkt auf person.name, wodurch die Methode und das Objekt eng gekoppelt werden. Das ist jedoch aus verschiedenen Gründen problematisch. Erstens müssen Sie bei einer Änderung des Variablennamens auch den Verweis auf diesen Namen in der Methode ändern. Zweitens macht es eine solche enge Kopplung schwer, dieselbe Funktion auch für andere Objekte zu nutzen. Zum Glück gibt es in JavaScript eine Möglichkeit, um dieses Problem zu umgehen.

In JavaScript gibt es in jedem Gültigkeitsbereich ein this-Objekt, das für das Objekt steht, das die Funktion aufgerufen hat. Im globalen Gültigkeitsbereich stellt this das globale Objekt dar (in Webbrowsern ist das window). Wird eine Funktion aufgerufen, die mit einem Objekt verknüpft ist, so entspricht der Wert von this standardmäßig diesem Objekt. In einer Methode können Sie also auf this verweisen anstatt auf ein Objekt. Der Code aus dem vorherigen Beispiel lässt sich dadurch wie folgt umschreiben:

```
var person = {
  name: "Nicholas",
  sayName: function() {
    console.log(this.name);
  }
};

person.sayName();    // Gibt "Nicholas" aus
```

Dieser Code funktioniert genauso wie die vorherige Version, doch diesmal verweist sayName() auf this anstatt auf person. Das bedeutet, dass Sie den Namen der Variablen gefahrlos ändern und die Funktion auch für andere Objekte wiederverwenden können:

```
function sayNameForAll() {
  console.log(this.name);
}

var person1 = {
  name: "Nicholas",
  sayName: sayNameForAll
};

var person2 = {
  name: "Greg",
  sayName: sayNameForAll
};

var name = "Michael";

person1.sayName();     // Gibt "Nicholas" aus
person2.sayName();     // Gibt "Greg" aus

sayNameForAll();       // Gibt "Michael" aus
```

In diesem Beispiel wird als Erstes die Funktion sayName For All definiert. Anschließend werden zwei Objektliterale erzeugt, die sayName auf die Funktion SayNameForAll setzen. Funktionen sind nichts anderes als Referenzwerte, sodass Sie sie in beliebig vielen Objekten als Eigenschaftswerte zuweisen können. Wenn sayName() für person1 aufgerufen wird, gibt sie "Nicholas" aus, für person2 aber den Namen "Greg". Das liegt daran, dass die Funktion mit this aufgerufen wird, sodass this.name jeweils den richtigen Namen liefert.

Im letzten Teil des Beispiels wird die globale Variable name definiert. Wird sayNameForAll() direkt aufgerufen, so gibt sie "Michael" aus, da die globale Variable als Eigenschaft des globalen Objekts angesehen wird.

3.5.2 Den Wert von this ändern

Die Möglichkeit, den this-Wert von Funktionen zu nutzen und zu bearbeiten, ist der Schlüssel zur guten objektorientierten Programmierung in JavaScript. Funktionen können in vielen verschiedenen Zusammenhängen eingesetzt werden und müssen in jeder Situation funktionieren. Zwar wird this gewöhnlich automatisch zugewiesen, doch können Sie den Wert für bestimmte Zwecke ändern. Dazu stehen Ihnen drei Funktionsmethoden zur Verfügung. (Denken Sie daran, dass Funktionen

Objekte sind. Da Objekte Methoden aufweisen können, gilt das auch für Funktionen.)

Die Methode call()

Die erste Funktionsmethode zur Bearbeitung von this ist call(), die die Funktion mit einem bestimmten this-Wert und bestimmten Parametern ausführt. Der erste Parameter von call() ist der Wert, den this bei der Ausführung der Funktion annehmen soll. Darauf folgen die Parameter, die der Funktion übergeben werden sollen. Nehmen wir an, Sie haben sayNameForAll() so geändert, dass sie Parameter entgegennimmt:

```
function sayNameForAll(label) {
   console.log(label + ":" + this.name);
}

var person1 = {
   name: "Nicholas"
};

var person2 = {
   name: "Greg"
};

var name = "Michael";

sayNameForAll.call(this, "global");      // Gibt "global:Michael" aus
sayNameForAll.call(person1, "person1");// Gibt "person1:Nicholas" aus
sayNameForAll.call(person2, "person2");// Gibt "person2:Greg" aus
```

In diesem Beispiel nimmt sayNameForAll() einen Parameter entgegen, der zur Kennzeichnung des Ausgabewerts herangezogen wird. Anschließend wird die Funktion dreimal aufgerufen. Beachten Sie, dass hinter dem Funktionsnamen keine Klammern stehen, da die Funktion als Objekt aufgerufen wird und nicht als auszuführender Code. Bei dem ersten Funktionsaufruf wird das globale this verwendet und der Parameter global übergeben, um "global:Michael" auszugeben. Anschließend wird die Funktion noch zweimal aufgerufen, einmal für person1 und einmal für person2. Da die Methode call() verwendet wird, müssen Sie die Funktion nicht direkt zu jedem Objekt hinzufügen. Sie geben den Wert von this ausdrücklich an, anstatt dies automatisch von der JavaScript-Engine erledigen zu lassen.

Die Methode apply()

Die zweite Funktionsmethode zur Änderung des Werts von this ist apply(). Sie funktioniert genauso wie call(), akzeptiert aber nur zwei Parameter, nämlich den Wert für this und ein Array oder ein arrayähnliches Objekt mit Parametern, die an die Funktion übergeben werden sollen. (Das heißt, dass Sie als zweiten Parameter ein arguments-Objekt verwenden.) Anstatt wie in call() alle Parameter einzeln aufzuführen, übergeben Sie einfach ein Array als zweites Argument an apply(). Ansonsten verhalten sich call() und apply() identisch. Im folgenden Beispiel sehen Sie die Methode apply() in Aktion:

```
function sayNameForAll(label) {
    console.log(label + ":" + this.name);
}

var person1 = {
    name: "Nicholas"
};

var person2 = {
    name: "Greg"
};

var name = "Michael";

sayNameForAll.apply(this, ["global"]);      // Gibt "global:Michael" aus
sayNameForAll.apply(person1, ["person1"]);  // Gibt "person1:Nicholas" aus
sayNameForAll.apply(person2, ["person2"]);  // Gibt "person2:Greg" aus
```

Dieser Code entspricht dem vorherigen Beispiel, allerdings wird apply() statt call() verwendet. Das Ergebnis ist genau dasselbe. Welche Methode Sie verwenden, hängt gewöhnlich von der Art der vorliegenden Daten ab. Wenn Sie ein Datenarray haben, nehmen Sie apply(), bei einzelnen Variablen dagegen call().

Die Methode bind()

Die dritte Funktionsmethode zur Änderung von this ist bind(). Sie wurde in ECMAScript 5 hinzugefügt und verhält sich anders als die beiden vorherigen. Das erste Argument von bind() ist der this-Wert für die neue Funktion, alle anderen Argumente stehen für benannte Parameter, die in dieser Funktion dauerhaft festgelegt werden sollen. Es ist später möglich, weitere nicht dauerhaft festgelegte Parameter hinzuzufügen.

Der folgende Code zeigt zwei Beispiele für die Verwendung von bind(). Bei der Funktion sayNameForPerson1() binden Sie den this-Wert an person1, bei sayNameForPerson2() an person2. Darüber hinaus wird bei dieser zweiten Funktion der erste Parameter als "person2" festgelegt.

```
function sayNameForAll(label) {
    console.log(label + ":" + this.name);
}

var person1 = {
    name: "Nicholas"
};

var person2 = {
    name: "Greg"
};

// Erstellt eine Funktion nur für person1
var sayNameForPerson1 = sayNameForAll.bind(person1);           ❶
sayNameForPerson1("person1");     // Gibt "person1:Nicholas" aus

// Erstellt eine Funktion nur für person2
var sayNameForPerson2 = sayNameForAll.bind(person2, "person2");  ❷
sayNameForPerson2();              // Gibt "person2:Greg" aus

// Die Verknüpfung einer Methode an ein Objekt ändert 'this' nicht
person2.sayName = sayNameForPerson1;                            ❸
person2.sayName("person2");       // Gibt "person2:Nicholas" aus
```

Für sayNameForPerson1() ❶ werden keine Parameter gebunden, weshalb Sie die Kennzeichnung für die Ausgabe immer noch übergeben müssen. Dagegen wird bei sayNameForPerson2() nicht nur this an person2 gebunden, sondern auch der erste Parameter als "person2" festgelegt ❷. Dadurch können Sie sayNameForPerson2() aufrufen, ohne weitere Argumente zu übergeben. Im letzten Teil des Beispiels wird sayNameForPerson1() mit dem Namen sayName zu person2 hinzugefügt ❸. Da die Funktion gebunden ist, ändern sich der Wert von this nicht, auch wenn sayNameForPerson1 jetzt eine Funktion von person2 ist. Die Methode gibt nach wie vor den Wert person1.name aus.

3.6 Zusammenfassung

JavaScript-Funktionen sind insofern einzigartig, als es sich bei ihnen gleichzeitig auch um Objekte handelt. Das bedeutet, dass Sie auf sie zugreifen, sie kopieren, überschreiben und auch sonst wie jeden anderen Objektwert behandeln können. Der größte Unterschied zwischen JavaScript-Funktionen und anderen Objekten ist die besondere interne Eigenschaft [[Call]], die die Ausführungsanweisungen für die Funktion enthält. Der Operator typeof sucht in einem Objekt nach dieser internen Eigenschaft und gibt "function" zurück, wenn sie vorhanden ist.

Es gibt zwei Literalformen für Funktionen, nämlich Deklarationen und Ausdrücke. In Funktionsdeklarationen steht rechts neben dem Schlüsselwort function der Funktionsname. Dieser wird an die Spitze des Kontextes angehoben, in dem die Funktion definiert ist (Hoisting). Funktionsausdrücke werden dort verwendet, wo auch andere Werte eingesetzt werden können, z.B. als Zuweisungsausdrücke, Funktionsparameter und als Rückgabewerte anderer Funktionen.

Da Funktionen Objekte sind, gibt es den Konstruktor Function. Es ist zwar möglich, damit neue Funktionen zu erstellen, es wird aber im Allgemeinen davon abgeraten, da der Code dadurch schwerer zu verstehen und zu debuggen ist. Sie werden ihn aber trotzdem hin und wieder in Verwendung sehen, vor allem in Situationen, wenn die wirkliche Form der Funktion bis zur Laufzeit unbekannt ist.

Um zu verstehen, wie die objektorientierte Programmierung in JavaScript funktioniert, müssen Sie sich gut mit Funktionen auskennen. Da es in JavaScript keine Klassen gibt, müssen Sie auf Funktionen und andere Objekte zurückgreifen, um Aggregation und Vererbung nutzen zu können.

4 Objekte

Es gibt in JavaScript zwar eine Reihe eingebauter Referenztypen, doch werden Sie trotzdem relativ häufig eigene Objekte erstellen müssen. Denken Sie dabei jedoch immer daran, dass Objekte in JavaScript dynamisch sind, sich also während der Codeausführung ändern können. In klassenbasierten Sprachen werden Objekte auf die Klassendefinition festgelegt, doch für JavaScript-Objekte gibt es solche Einschränkungen nicht.

Ein Großteil der Arbeit bei der JavaScript-Programmierung dreht sich um die Verwaltung solcher Objekte. Darum ist ein Verständnis von Objekten entscheidend, um JavaScript als Ganzes meistern zu können. Dies wird im Verlauf dieses Kapitels noch ausführlicher besprochen.

4.1 Eigenschaften definieren

In Kapitel 2 haben Sie gelernt, dass es zwei grundlegende Möglichkeiten gibt, um eigene Objekte zu erstellen, nämlich mit dem Konstruktor `Object` und mit einem Objektliteral:

```
var person1 = {
    name: "Nicholas"
};

var person2 = new Object();
person2.name = "Nicholas";

person1.age = "Redacted";      ❶
person2.age = "Redacted";

person1.name = "Greg";         ❷
person2.name = "Michael";
```

Sowohl `person1` als auch `person2` sind Objekte mit einer Eigenschaft namens name. Im Verlauf dieses Beispiels wird den beiden Objekten noch die Eigenschaft age zugewiesen ❶. Das kann unmittelbar nach der Definition des Objekts erfolgen, aber auch viel später. Die Objekte, die Sie erstellen, sind immer offen für Änderungen, sofern Sie nichts Gegenteiliges festlegen (siehe Abschnitt 4.7). Im letzten Teil des Beispiels wird der Wert von name für beide Objekte geändert ❷. Auch Eigenschaftswerte lassen sich jederzeit ändern.

Wird einem Objekt eine neue Eigenschaft hinzugefügt, so wendet JavaScript die interne Methode [[Put]] auf das Objekt an. [[Put]] legt in dem Objekt eine Stelle an, an der die Eigenschaft gespeichert wird. Das entspricht in etwa dem Hinzufügen eines neuen Schlüssels in einer Hashtabelle. Bei dieser Operation wird nicht nur der Anfangswert festgelegt, sondern auch einige Attribute der Eigenschaft. Wenn in dem vorstehenden Beispiel die Eigenschaften name und age zum ersten Mal für die einzelnen Objekte definiert werden, wird für sie daher jeweils die Methode [[Put]] aufgerufen.

Infolge dieses Aufrufs von [[Put]] wird in dem Objekt eine *eigene Eigenschaft* erstellt. Das bedeutet einfach nur, dass die Eigenschaft der vorliegenden Instanz des Objekts gehört. Die Eigenschaft wird direkt in der Instanz gespeichert, und alle Operationen an dieser Eigenschaft müssen über das Objekt erfolgen.

> **Hinweis**
>
> Es ist wichtig, eigene Eigenschaften von den *Prototypeigenschaften* zu unterscheiden, die in Kapitel 5 besprochen werden.

Wird einer vorhandenen Eigenschaft ein neuer Wert zugewiesen, so erfolgt dies mit einer anderen Operation, nämlich [[Set]]. Dadurch wird der vorhandene Wert der Eigenschaft durch den neuen ersetzt. Wenn in dem vorherigen Beispiel name auf den zweiten Wert gesetzt wird, führt dies zu einem Aufruf von [[Set]]. Abbildung 4–1 zeigt Schritt für Schritt, was hinter den Kulissen in person1 geschieht, wenn die Eigenschaften name und age geändert werden.

person1	
name	"Nicholas"

[[Put]]name

person1	
name	"Nicholas"
age	"Zensiert"

[[Put]]age

person1	
name	"Greg"
age	"Zensiert"

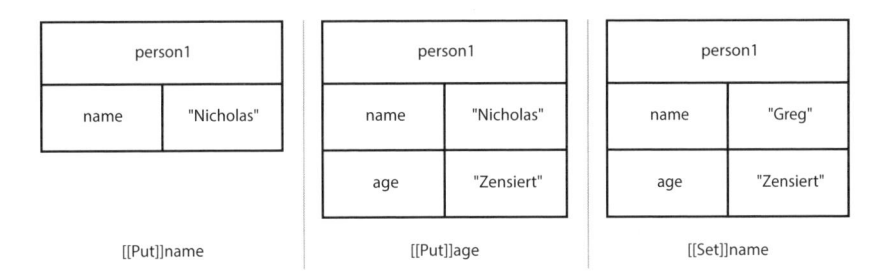

[[Set]]name

Abb. 4–1   Eigenschaften eines Objekts hinzufügen und ändern

Im ersten Teil der Abbildung wird ein Objektliteral verwendet, um das Objekt person1 zu erstellen. Dadurch wird implizit [[Put]] für die Eigenschaft name ausgeführt. Die Zuweisung eines Werts zu person.age führt [[Put]] für die Eigenschaft age aus. Wird person1.name dagegen auf einen neuen Wert gesetzt (hier "Greg"), erfolgt eine [[Set]]-Operation für die Eigenschaft name, wodurch der vorhandene Eigenschaftswert überschrieben wird.

4.2   Eigenschaften ermitteln

Da Eigenschaften jederzeit hinzugefügt werden können, ist es manchmal erforderlich zu prüfen, ob eine bestimmte Eigenschaft in dem vorliegenden Objekt vorhanden ist oder nicht. Von Entwicklern, die neu mit JavaScript arbeiten, werden dazu fälschlicherweise häufig Konstruktionen wie die folgende verwendet:

```
// Unzuverlässig
if (person1.age) {
    // Macht irgendetwas mit age
}
```

Das Problem bei dieser Konstruktion ist die Auswirkung der impliziten JavaScript-Typumwandlung auf das Ergebnis. Die if-Bedingung wird zu true ausgewertet, wenn der Wert »truthy« ist (ein Objekt, ein nicht leerer String, eine von 0 verschiedene Zahl oder true), und zu false, wenn der Wert »falsy« ist (null, undefined, 0, false, NaN oder ein leerer String). Da eine Objekteigenschaft einen dieser »falsy«-Werte enthalten kann, ist es möglich, dass der Beispielcode fälschlicherweise ein negatives Ergebnis liefert. Ist person1.age beispielsweise 0, so wird die if-Bedingung nicht erfüllt, obwohl die Eigenschaft existiert. Eine zuverlässigere Möglichkeit, um das Vorhandensein einer Eigenschaft zu prüfen, bietet der Operator in.

Dieser Operator sucht in einem bestimmten Objekt nach einer Eigenschaft mit einem gegebenen Namen und gibt true zurück, wenn er sie findet. Im Grunde genommen prüft der Operator, ob der angegebene Schlüssel in der Hashtabelle vorhanden ist. Das folgende Beispiel zeigt die Verwendung von in für einige Eigenschaften des Objekts person1:

```
console.log("name" in person1);    // true
console.log("age" in person1);     // true
console.log("title" in person1);   // false
```

Da Methoden einfach nur Eigenschaften sind, die auf Funktionen verweisen, können Sie auf dieselbe Weise auch das Vorhandensein einer Methode überprüfen. Der folgende Code fügt person1 die neue Funktion sayName() hinzu und wendet dann in an, um das Vorhandensein dieser Funktion zu bestätigen:

```
var person1 = {
    name: "Nicholas",
    sayName: function() {
        console.log(this.name);
    }
};

console.log("sayName" in person1);    // true
```

In den meisten Fällen ist der Operator in die beste Möglichkeit, festzustellen, ob eine Eigenschaft in einem Objekt vorhanden ist. Außerdem bietet er den zusätzlichen Vorteil, dass er den Wert der Eigenschaft nicht auswertet, was wichtig sein kann, wenn eine solche Auswertung ein Leistungsproblem oder einen Fehler hervorrufen könnte.

Manchmal wollen Sie jedoch nicht nur wissen, ob überhaupt eine bestimmte Eigenschaft vorhanden ist, sondern ob es sich um eine eigene Eigenschaft handelt. Der Operator in sucht jedoch sowohl nach eigenen Eigenschaften als auch nach Prototypeigenschaften, weshalb Sie ihn hierfür nicht verwenden können. Hier kommt die Methode hasOwnProperty() ins Spiel, die in allen Objekten vorhanden ist und nur dann true zurückgibt, wenn die Eigenschaft existiert und eine eigene Eigenschaft ist. Der folgende Code vergleicht die Ergebnisse der Verwendung von in und von hasOwnProperty() für unterschiedliche Eigenschaften von person1:

```
var person1 = {
    name: "Nicholas",
    sayName: function() {
        console.log(this.name);
    }
};

console.log("name" in person1);                      // true
console.log(person1.hasOwnProperty("name"));         // true

console.log("toString" in person1);                  // true
console.log(person1.hasOwnProperty("toString"));     // false    ❶
```

In diesem Beispiel ist name eine eigene Eigenschaft von person1, sodass sowohl der Operator in als auch hasOwnProperty() den Wert true zurückgeben. Bei der Methode toString() dagegen handelt es sich um eine Prototypeigenschaft, die in allen Objekten vorhanden ist. Der Operator in gibt auch dafür true zurück, hasOwnProperty() dagegen false ❶. Dieser wichtige Unterschied wird in Kapitel 5 ausführlicher besprochen.

4.3 Eigenschaften entfernen

Eigenschaften können nicht nur jederzeit zu Objekten hinzugefügt, sondern auch von ihnen entfernt werden. Das geschieht allerdings nicht, wenn Sie die Eigenschaft einfach nur auf null setzen. Dadurch wird lediglich [[Set]] mit dem Wert null aufgerufen, und wie Sie in diesem Kapitel schon gesehen haben, führt das nur dazu, dass der Wert der Eigenschaft ersetzt wird. Um eine Eigenschaft komplett von einem Objekt zu entfernen, müssen Sie den Operator delete verwenden.

Dieser Operator bezieht sich immer nur auf eine einzige Objekteigenschaft und ruft die interne Operation [[Delete]] auf. Das können Sie sich so vorstellen, als würde ein Schlüssel/Wert-Paar aus einer Hashtabelle entfernt. Nach erfolgreicher Ausführung gibt der Operator delete den Wert true zurück. (Es gibt auch Eigenschaften, die sich nicht entfernen lassen, was wir uns weiter hinten in diesem Kapitel noch genauer

ansehen werden.) Das folgende Beispiel zeigt den Operator delete in
Aktion:

```
var person1 = {
  name: "Nicholas"
};

console.log("name" in person1);    // true

delete person1.name;               // true - keine Ausgabe
console.log("name" in person1);    // false
console.log(person1.name);         // undefined          ❶
```

In diesem Beispiel wird die Eigenschaft name von person1 entfernt. Nach Abschluss dieser Operation gibt der Operator in den Wert false zurück. Beachten Sie, dass der Versuch, auf eine nicht vorhandene Eigenschaft zuzugreifen, undefined liefert ❶. Abbildung 4–2 zeigt, wie sich delete auf ein Objekt auswirkt.

person1	
name	"Nicholas"

person1

delete person1.name;

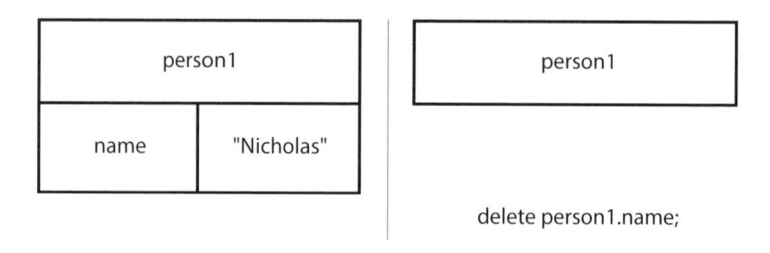

Abb. 4–2   Wenn Sie die Eigenschaft name mit delete löschen, wird sie komplett von person1 entfernt.

4.4   Aufzählung

Standardmäßig sind alle Eigenschaften, die Sie einem Objekt hinzufügen, *aufzählbar*, das heißt, Sie können sie in einer for-in-Schleife durchlaufen. Bei aufzählbaren Eigenschaften ist das interne Attribut [[Enumerable]] auf true gesetzt. Eine for-in-Schleife kann alle aufzählbaren Eigenschaften eines Objekts aufführen und die Eigenschaftsnamen einer Variablen zuweisen. So gibt beispielsweise die folgende Schleife die Eigenschaftsnamen und -werte eines Objekts aus:

```
var property;

for (property in object) {
   console.log("Name: " + property);
   console.log("Value: " + object[property]);
}
```

Bei jedem Durchlauf der `for-in`-Schleife wird die Variable `property` mit der nächsten aufzählbaren Eigenschaft des Objekts gefüllt, bis alle diese Eigenschaften genannt wurden. An diesem Punkt wird die Schleife beendet und die Codeausführung fortgesetzt. In diesem Beispiel wird die Klammerschreibweise verwendet, um den Wert der Objekteigenschaft abzurufen und in der Konsole auszugeben. Dies ist einer der wichtigsten Verwendungszwecke für diese Schreibweise in JavaScript.

Wenn Sie zur späteren Verwendung in dem Programm eine Liste der Eigenschaften eines Objekts benötigen, können Sie die in ECMAScript 5 eingeführte Methode `Object.keys()` verwenden, die ein Array der Namen aufzählbarer Eigenschaften abruft:

```
var properties = Object.keys(object);          ❶

// Wenn Sie das for-in-Verhalten nachahmen wollen
var i, len;

for (i=0, len=properties.length; i < len; i++){
   console.log("Name: " + properties[i]);
   console.log("Value: " + object[properties[i]]);
}
```

In diesem Beispiel werden die aufzählbaren Eigenschaften eines Objekts mit `Object.keys()` abgerufen ❶. Anschließend werden die Eigenschaften in einer `for`-Schleife durchlaufen, um den Namen und den Wert auszugeben. Gewöhnlich verwenden Sie `Object.keys()` in Situationen, in denen Sie mit einem Array von Eigenschaftsnamen arbeiten müssen, und `for-in`, wenn Sie kein Array brauchen.

Beachten Sie aber, dass nicht alle Eigenschaften aufzählbar sind. Tatsächlich ist das Attribut [[Enumerable]] für die meisten der nativen Methoden von Objekten auf `false` gesetzt. Ob eine Eigenschaft aufzählbar ist, können Sie mit der Methode `propertyIsEnumerable()` herausfinden, die in jedem Objekt vorhanden ist:

> **Hinweis**
>
> Es gibt einen Unterschied zwischen den aufzählbaren Eigenschaften, die in einer `for-in`-Schleife aufgezählt werden, und denen, die `Object.keys()` zurückgibt. Die Schleife zählt auch die Prototypeigenschaften auf, `Object.keys()` dagegen gibt nur die eigenen (Instanz-)Eigenschaften zurück. Der Unterschied zwischen Prototyp- und eigenen Eigenschaften wird in Kapitel 5 besprochen.

```
var person1 = {
    name: "Nicholas"
};

console.log("name" in person1);                        // true
console.log(person1.propertyIsEnumerable("name"));     // true  ❶

var properties = Object.keys(person1);

console.log("length" in properties);                   // true
console.log(properties.propertyIsEnumerable("length")); // false ❷
```

Hier ist die Eigenschaft `name` aufzählbar, da es sich um eine vom Entwickler definierte Eigenschaft von `person1` handelt ❶. Dagegen ist die Eigenschaft `length` des Arrays `properties` nicht aufzählbar ❷, weil dies eine inhärente Eigenschaft von `Array.prototype` ist. Sie werden feststellen, dass viele native Eigenschaften standardmäßig nicht aufzählbar sind.

4.5 Arten von Eigenschaften

Es gibt zwei verschiedene Arten von Eigenschaften, nämlich Dateneigenschaften und Zugriffseigenschaften. *Dateneigenschaften* enthalten Werte. Dazu gehört etwa die Eigenschaft `name` aus den vorherigen Beispielen in diesem Kapitel. Das Standardverhalten der Methode [[Put]] besteht darin, eine Dateneigenschaft zu erstellen, und in allen bisherigen Beispielen in diesem Kapitel haben wir Dateneigenschaften gezeigt. *Zugriffseigenschaften* dagegen weisen keinen Wert auf, sondern definieren Funktionen, die beim Lesen (*Get-Funktion*) und beim Schreiben der Eigenschaft (*Set-Funktion*) aufgerufen werden. Zugriffseigenschaften können sowohl eine Get- als auch eine Set-Funktion haben, es ist aber nur eine davon erforderlich.

Zur Definition einer Zugriffseigenschaft mit einem Objektliteral ist eine besondere Syntax erforderlich:

```
var person1 = {
    _name: "Nicholas",                                      ❶

    get name() {                                            ❷
        console.log("Reading name");
        return this._name;
    },

    set name(value) {                                       ❸
        console.log("Setting name to %s", value);
        this._name = value;
    }
};

console.log(person1.name);  // "Reading name", dann "Nicholas"

person1.name = "Greg";
console.log(person1.name);  // "Setting name to Greg", dann "Greg"
```

In diesem Beispiel wird die Zugriffseigenschaft name definiert. Außerdem gibt es die Dateneigenschaft _name, die den eigentlichen Wert dieser Eigenschaft enthält ❶. (Der vorangestellte Unterstrich ist die übliche Schreibweise dafür, dass die Eigenschaft als privat angesehen wird; allerdings ist sie in Wirklichkeit immer noch öffentlich.) Die Syntax zur Definition der Get-Funktion ❷ und der Set-Funktion ❸ ähnelt sehr stark einer normalen Funktion, aber ohne das Schlüsselwort function. Hier werden vor dem Namen der Zugriffseigenschaft die Schlüsselwörter get und set verwendet, gefolgt von Klammern und dem Funktionsrumpf. Get-Funktionen geben einen Wert zurück, während Set-Funktionen den Wert, der der Eigenschaft zugewiesen werden soll, als Argument entgegennehmen.

In diesem Beispiel wird zur Speicherung der Eigenschaftsdaten zwar _name verwendet, doch könnten Sie die Daten auch genauso gut in einer Variablen oder in einem anderen Objekt ablegen. Außerdem wird das Verhalten der Eigenschaft in diesem Beispiel um eine Protokollierung ergänzt. Es gibt gewöhnlich keinen Grund dafür, Zugriffseigenschaften zu benutzen, wenn Sie lediglich Daten in einer anderen Eigenschaft speichern wollen – dazu können Sie einfach die Eigenschaft selbst verwenden. Zugriffseigenschaften sind dann nützlich, wenn Sie durch die Zuweisung eines Werts noch ein anderes Verhalten auslösen wollen oder wenn das Lesen eines Werts die Berechnung des gewünschten Rückgabewerts erforderlich macht.

> **Hinweis**
>
> Es ist nicht notwendig, sowohl eine Get- als auch eine Set-Funktion zu definieren. Wenn Sie nur eine Get-Funktion anlegen, ist die Eigenschaft schreibgeschützt. Jegliche Versuche, die Eigenschaft zu überschreiben, schlagen im normalen Modus (nonstrict) stillschweigend fehl und lösen im strengen Modus (strict) einen Fehler aus. Definieren Sie dagegen nur eine Set-Methode, ist die Eigenschaft nur schreibbar. Versuche, den Wert zu lesen, schlagen sowohl im Strict- als auch im normalen Modus stillschweigend fehl.

4.6 Eigenschaftsattribute

Vor ECMAScript 5 gab es keine Möglichkeit, um anzugeben, ob eine Eigenschaft aufzählbar sein soll. Tatsächlich gab es überhaupt keine Möglichkeit, um auf die internen Attribute von Eigenschaften zuzugreifen. In ECMAScript 5 wurde dies durch die Einführung mehrerer Möglichkeiten zum direkten Umgang mit den Eigenschaftsattributen und durch die Einführung neuer Attribute für zusätzliche Merkmale geändert. Es ist jetzt möglich, Eigenschaften zu erstellen, die sich genauso verhalten wie die eingebauten JavaScript-Eigenschaften. In diesem Abschnitt geht es um die Attribute von Daten- und von Zugriffseigenschaften. Dabei beginnen wir mit den Attributen, die diesen beiden Arten von Eigenschaften gemeinsam sind.

4.6.1 Gemeinsame Attribute

Daten- und Zugriffseigenschaften verfügen über zwei gemeinsame Attribute. Das eine ist [[Enumerable]], das angibt, ob eine Iteration über die Eigenschaft möglich ist. Das andere heißt [[Configurable]] und bestimmt, ob die Eigenschaft geändert werden kann. Eine konfigurierbare Eigenschaft können Sie mit delete entfernen, außerdem können Sie jederzeit ihre Attribute ändern. (Das bedeutet auch, dass Sie aus konfigurierbaren Dateneigenschaften Zugriffseigenschaften machen können und umgekehrt.) Standardmäßig sind alle Eigenschaften, die Sie für ein Objekt deklarieren, sowohl aufzählbar als auch konfigurierbar.

Um die Attribute von Eigenschaften zu ändern, können Sie die Methode Object.defineProperty() verwenden, die drei Argumente entgegennimmt, nämlich das Objekt, dem die Eigenschaft gehört, den Namen der Eigenschaft und ein *Eigenschaftsdeskriptorobjekt* mit den festzulegenden Attributen. Der Deskriptor verfügt über Eigenschaften mit den gleichen Namen wie die internen Attribute, allerdings ohne die eckigen Klammern. Um [[Enumerable]] zu ändern, verwenden Sie also enumerable, und für [[Configurable]] nehmen Sie configurable. Um eine Objekteigenschaft beispielsweise nicht aufzählbar und nicht konfigurierbar zu machen, gehen Sie folgendermaßen vor:

```
var person1 = {
    name: "Nicholas"                                    ❶
};

Object.defineProperty(person1, "name", {
    enumerable: false                                   ❷
});

console.log("name" in person1);                         // true
console.log(person1.propertyIsEnumerable("name"));      // false    ❸

var properties = Object.keys(person1);
console.log(properties.length);                         // 0

Object.defineProperty(person1, "name", {
    configurable: false                                 ❹
});

// Versucht die Eigenschaft zu löschen
delete person1.name;
console.log("name" in person1);                         // true     ❺
console.log(person1.name);                              // "Nicholas"

Object.defineProperty(person1, "name", {                // Fehler!!! ❻
    configurable: true
});
```

Die Eigenschaft name wird wie üblich definiert ❶, dann aber geändert, sodass ihr Attribut [[Enumerable]] den Wert false erhält ❷. Jetzt gibt die

Methode `propertyIsEnumerable()` den Wert `false` zurück ❸, da sie auf den neuen Wert von [[Enumerable]] verweist.

Anschließend wird `name` noch weiter geändert und nicht konfigurierbar gemacht ❹. Von diesem Zeitpunkt an schlagen alle Versuche fehl, `name` zu löschen, da die Eigenschaft nicht mehr geändert werden kann. Bei `person1` ist `name` daher nach wie vor vorhanden ❺. Auch ein weiterer Aufruf von `Object.defineProperty()` für `name` führt zu keinen weiteren Änderungen an der Eigenschaft. Damit ist `name` letztlich als Eigenschaft von `person1` festgeschrieben.

Im letzten Teil des Codes wird versucht, `name` wieder konfigurierbar zu machen ❻. Das löst jedoch einen Fehler aus, da es nicht möglich ist, eine nicht konfigurierbare Eigenschaft konfigurierbar zu machen. Auch der Versuch, aus einer Dateneigenschaft eine Zugriffseigenschaft zu machen oder umgekehrt, führt in einem solchen Fall zu einem Fehler.

> **Hinweis**
>
> Wenn JavaScript im Strict-Modus läuft, führt der Versuch, eine nicht konfigurierbare Eigenschaft zu löschen, zu einem Fehler. Im normalen Modus schlägt der Vorgang einfach stillschweigend fehl.

4.6.2 Attribute von Dateneigenschaften

Dateneigenschaften verfügen über zwei Attribute, die es bei Zugriffseigenschaften nicht gibt. Das erste ist [[Value]] und hält den Wert der Eigenschaft fest. Dieses Attribut wird automatisch ausgefüllt, wenn Sie eine Eigenschaft für ein Objekt erstellen. Alle Eigenschaftswerte werden in [[Value]] gespeichert, selbst wenn der Wert eine Funktion ist.

Das zweite Attribut, [[Writable]], ist ein boolescher Wert und gibt an, ob die Eigenschaft schreibbar ist. Standardmäßig sind alle Eigenschaften schreibbar, solange Sie nicht das Gegenteil festlegen.

Mithilfe dieser beiden zusätzlichen Attribute können Sie eine Dateneigenschaft mit `Object.defineProperty()` vollständig definieren, selbst wenn die Eigenschaft noch gar nicht vorhanden ist. Betrachten Sie folgenden Code:

```
var person1 = {
    name: "Nicholas"
};
```

Diesen Code haben Sie in diesem Kapitel schon häufiger gesehen. Er fügt person1 die Eigenschaft name hinzu und legt deren Wert fest. Das gleiche Ergebnis können Sie mit dem folgenden (ausführlicheren) Code erzielen:

```
var person1 = {};

Object.defineProperty(person1, "name", {
    value: "Nicholas",
    enumerable: true,
    configurable: true,
    writable: true
});
```

Beim Aufruf von Object.defineProperty() prüft die Methode als Erstes, ob die Eigenschaft bereits vorhanden ist. Wenn nicht, wird eine neue mit den im Deskriptor angegebenen Attributen hinzugefügt. In unserem Fall ist name noch keine Eigenschaft von person1 und wird daher neu erstellt.

Wenn Sie mithilfe von Object.defineProperty() eine neue Eigenschaft definieren, müssen Sie unbedingt darauf achten, alle Attribute festzulegen, da boolesche Attribute sonst automatisch den Standardwert false annehmen. Der folgende Code erstellt beispielsweise eine Eigenschaft namens name, die nicht aufzählbar, nicht konfigurierbar und nicht schreibbar ist, da in dem Aufruf von Object.defineProperty() keines dieser Attribute ausdrücklich auf true gesetzt wird:

```
var person1 = {};

Object.defineProperty(person1, "name", {
    value: "Nicholas"
});

console.log("name" in person1);                          // true
console.log(person1.propertyIsEnumerable("name"));       // false

delete person1.name;
console.log("name" in person1);                          // true

person1.name = "Greg";
console.log(person1.name);                               // "Nicholas"
```

Mit dieser name-Eigenschaft können Sie nichts anderes tun, als ihren Wert zu lesen, denn alle anderen Operationen sind gesperrt. Wenn Sie eine vorhandene Eigenschaft bearbeiten, müssen Sie beachten, dass nur die von Ihnen angegebenen Attribute geändert werden.

> **Hinweis**
>
> Wenn Sie versuchen, den Wert einer nicht schreibbaren Eigenschaft zu ändern, wird im Strict-Modus ein Fehler ausgelöst. Im normalen Modus schlägt der Vorgang stillschweigend fehl.

4.6.3 Attribute von Zugriffseigenschaften

Auch Zugriffseigenschaften weisen zwei zusätzliche Attribute auf. Da diese Eigenschaften keine Werte speichern müssen, besteht kein Bedarf für [[Value]] und [[Writable]]. Dafür verfügen Zugriffseigenschaften über die Attribute [[Get]] und [[Set]], die die Get- bzw. Set-Funktion beinhalten. Wie bei der Objektliteralform dieser Funktionen müssen Sie beim Erstellen einer Eigenschaft nur eines dieser Attribute definieren.

> **Hinweis**
>
> Wenn Sie versuchen, eine Eigenschaft zu erstellen, die sowohl über Daten- als auch über Zugriffsattribute verfügt, wird ein Fehler ausgelöst.

Der Vorteil der Attribute gegenüber der Objektliteralform zur Definition von Zugriffseigenschaften besteht darin, dass Sie diese Eigenschaften damit auch für vorhandene Objekte festlegen können. Bei der Objektliteralschreibweise müssen Sie die Zugriffseigenschaften gleich beim Erstellen des Objekts festlegen.

Ebenso wie für Dateneigenschaften können Sie auch für Zugriffseigenschaften festlegen, ob sie konfigurierbar und aufzählbar sind. Betrachten Sie das folgende Beispiel, das wir uns schon früher angesehen haben:

```
var person1 = {
  _name: "Nicholas",

  get name() {
    console.log("Reading name");
    return this._name;
  },

  set name(value) {
    console.log("Setting name to %s", value);
    this._name = value;
  }
};
```

Diesen Code können Sie auch wie folgt schreiben:

```
var person1 = {
  _name: "Nicholas"
};

Object.defineProperty(person1, "name", {
  get: function() {
    console.log("Reading name");
    return this._name;
  },
  set: function(value) {
    console.log("Setting name to %s", value);
    this._name = value;
  },
  enumerable: true,
  configurable: true
});
```

Beachten Sie, dass die in Object.defineProperty() übergebenen Schlüssel get und set Dateneigenschaften sind, die eine Funktion enthalten. Hier ist es nicht möglich, das Objektliteralformat für Zugriffseigenschaften zu verwenden.

Über die Attribute [[Enumerable]] und [[Configurable]] können Sie die Funktionsweise der Zugriffseigenschaft ändern. Beispielsweise können Sie auf folgende Weise eine nicht konfigurierbare, nicht aufzählbare und nicht schreibbare Eigenschaft erstellen:

```
var person1 = {
  _name: "Nicholas"

};
Object.defineProperty(person1, "name", {
  get: function() {
    console.log("Reading name");
    return this._name;                                   ❶
  }
});

console.log("name" in person1);                          // true
console.log(person1.propertyIsEnumerable("name"));       // false
delete person1.name;
console.log("name" in person1);                          // true

person1.name = "Greg";
console.log(person1.name);                               // "Nicholas"
```

Die Eigenschaft name in diesem Code ist eine Zugriffseigenschaft, die lediglich über eine Get-Funktion verfügt ❶. Es gibt keine Set-Funktion, und es wird keines der anderen Attribute ausdrücklich auf true gesetzt, weshalb der Wert nur gelesen, aber nicht geändert werden kann.

> **Hinweis**
>
> Ebenso wie in der Objektliteralschreibweise führt der Versuch, den Wert einer Zugriffseigenschaft ohne Set-Funktion zu ändern, im Strict-Modus zu einem Fehler, während er im normalen Modus stillschweigend fehlschlägt. Der Versuch, eine Zugriffseigenschaft zu lesen, die nur über eine Set-Funktion verfügt, gibt in jedem Fall undefined zurück.

4.6.4   Mehrere Eigenschaften definieren

Wenn Sie Object.defineProperties() statt Object.defineProperty() verwenden, können Sie auch gleichzeitig mehrere Eigenschaften für ein Objekt festlegen. Diese Methode nimmt zwei Argumente entgegen, nämlich das zu bearbeitende Objekt und ein Objekt, das alle Informationen über die Eigenschaften enthält. Die Schlüssel dieses zweiten Arguments sind die Eigenschaftsnamen und die Werte sind die Deskriptorobjekte, die die Attribute dieser Eigenschaften definieren. Der folgende Beispielcode legt zwei Eigenschaften fest:

```
var person1 = {};

Object.defineProperties(person1, {

    // Dateneigenschaft zur Speicherung von Daten    ❶
    _name: {
        value: "Nicholas",
        enumerable: true,
        configurable: true,
        writable: true
    },

    // Zugriffseigenschaft                           ❷
    name: {
        get: function() {
            console.log("Reading name");
            return this._name;
        },
        set: function(value) {
            console.log("Setting name to %s", value);
            this._name = value;
        },
        enumerable: true,
        configurable: true
    }
});
```

In diesem Beispiel wird _name als Dateneigenschaft definiert, die Informationen enthält ❶, und name als Zugriffseigenschaft ❷. Mit `Object.defineProperties()` können Sie beliebig viele Eigenschaften definieren. Es ist damit sogar möglich, gleichzeitig vorhandene Eigenschaften zu ändern und neue anzulegen. Das Ergebnis ist das gleiche, als würden Sie `Object.defineProperty()` mehrmals aufrufen.

4.6.5 Eigenschaftsattribute abrufen

Wenn Sie die Attribute von Eigenschaften abrufen müssen, können Sie das in JavaScript mit `Object.getOwnPropertyDecriptor()` machen. Wie der Name schon andeutet, funktioniert diese Methode nur bei eigenen Eigenschaften. Sie nimmt zwei Argumente entgegen, und zwar das Objekt, mit dem sie arbeiten soll, und den Namen der abzurufenden Eigenschaft. Wenn die Eigenschaft vorhanden ist, erhalten Sie ein Deskriptorobjekt mit vier Eigenschaften, nämlich configurable und enumerable und den beiden anderen für den jeweiligen Eigenschaftstyp. Selbst wenn Sie eines dieser Attribute nicht ausdrücklich festgelegt haben, erhalten Sie ein Objekt mit dem entsprechenden Wert dafür. Der folgende Code erstellt zum Beispiel eine Eigenschaft und prüft deren Attribute:

```
var person1 = {
    name: "Nicholas"
};

var descriptor = Object.getOwnPropertyDescriptor(person1, "name");

console.log(descriptor.enumerable);     // true
console.log(descriptor.configurable);   // true
console.log(descriptor.writable);       // true
console.log(descriptor.value);          // "Nicholas"
```

Hier wird die Eigenschaft name als Teil eines Objektliterals definiert. Der Aufruf von Object.getOwnPropertyDescriptor() gibt ein Objekt mit enumerable, configurable, writable und value zurück, auch wenn Sie die entsprechenden Attribute in Object.defineProperty() nicht ausdrücklich festgelegt haben.

4.7 Objektänderungen verhindern

Ebenso wie Eigenschaften verfügen auch Objekte über interne Attribute, die ihr Verhalten bestimmen. Eines dieser Attribute ist der boolesche Wert [[Extensible]], der angibt, ob das Objekt selbst geändert werden kann. Alle von Ihnen erstellten Objekte sind standardmäßig *erweiterbar*, was bedeutet, dass Sie ihnen jederzeit neue Eigenschaften hinzufügen können. Das haben Sie in diesem Kapitel schon mehrmals gesehen. Wenn Sie [[Extensible]] auf false setzen, verhindern Sie, dass dem Objekt neue Eigenschaften hinzugefügt werden. Das können Sie auf drei verschiedene Weisen erreichen.

4.7.1 Erweiterungen verhindern

Eine Möglichkeit, ein nicht erweiterbares Objekt zu erstellen, bietet Object.preventExtensions(). Diese Methode nimmt als einziges Argument das Objekt entgegen, das Sie nicht erweiterbar machen wollen.

Nachdem Sie diese Methode auf ein Objekt angewendet haben, sind Sie nicht mehr in der Lage, ihm irgendwelche neuen Eigenschaften hinzuzufügen. Den Wert von [[Extensible]] können Sie mit `Object.isExtensible()` prüfen. Der folgende Code zeigt Beispiele für den Einsatz beider Methoden:

```
var person1 = {
   name: "Nicholas"
};

console.log(Object.isExtensible(person1));      // true         ❶

Object.preventExtensions(person1);                              ❷
console.log(Object.isExtensible(person1));      // false

person1.sayName = function() {                                  ❸
   console.log(this.name);
};

console.log("sayName" in person1);              // false
```

Nachdem `person1` erstellt wurde, prüft dieser Code das Attribut [[Extensible]] des Objekts ❶ und macht es dann nicht erweiterbar ❷. Nun kann ihm die Methode `sayName()` nicht mehr hinzugefügt werden ❸.

> **Hinweis**
>
> Wenn Sie versuchen, einem nicht erweiterbaren Objekt eine Eigenschaft hinzuzufügen, wird im Strict-Modus ein Fehler ausgelöst. Im normalen Modus schlägt der Vorgang stillschweigend fehl. Verwenden Sie bei nicht erweiterbaren Objekten immer den Strict-Modus, damit Sie sofort erkennen, wenn ein nicht erweiterbares Objekt falsch verwendet wird.

4.7.2 Objekte versiegeln

Die zweite Möglichkeit, ein nicht erweiterbares Objekt zu erstellen, besteht darin, das Objekt zu *versiegeln*. Versiegelte Objekte sind nicht erweiterbar, und alle ihre Eigenschaften sind nicht konfigurierbar. Das bedeutet, dass Sie dem Objekt nicht nur keine neuen Eigenschaften hinzufügen können, sondern auch, dass Sie die vorhandenen Eigenschaften weder entfernen noch ihren Typ ändern können (also von Daten- zu

Zugriffseigenschaften oder umgekehrt). Wenn ein Objekt versiegelt ist, können Sie nur noch seine Eigenschaften lesen und schreiben.

Um ein Objekt zu versiegeln, wenden Sie die Methode Object.seal() darauf an. Dabei wird das Attribut [[Extensible]] des Objekts sowie das [[Configurable]]-Attribut aller seiner Eigenschaften auf false gesetzt. Ob ein Objekt versiegelt ist, können Sie wie folgt mithilfe von Object.isSealed() herausfinden:

```
var person1 = {
    name: "Nicholas"
};

console.log(Object.isExtensible(person1));    // true
console.log(Object.isSealed(person1));        // false

Object.seal(person1);                                          ❶
console.log(Object.isExtensible(person1));    // false         ❷
console.log(Object.isSealed(person1));        // true

person1.sayName = function() {                                 ❸
    console.log(this.name);
};

console.log("sayName" in person1);            // false

person1.name = "Greg";                                         ❹
console.log(person1.name);                    // "Greg"

delete person1.name;                                           ❺
console.log("name" in person1);               // true
console.log(person1.name);                    // "Greg"

var descriptor = Object.getOwnPropertyDescriptor(person1, "name");
console.log(descriptor.configurable);         // false
```

Dieser Code versiegelt person1 ❶, sodass Sie ihm weder Eigenschaften hinzufügen noch von ihm entfernen können. Da alle versiegelten Objekte nicht erweiterbar sind, gibt Object.isExtensible() für person1 den Wert false zurück ❷. Der Versuch, die Methode sayName() hinzuzufügen, schlägt stillschweigend fehl ❸. Es ist zwar möglich, person1.name auf einen neuen Wert zu setzen ❹, doch der Versuch, diese Eigenschaft zu löschen, scheitert ❺.

Sind Sie mit Java oder C++ vertraut, so sollten Ihnen versiegelte Objekte nicht unbekannt sein. Wenn Sie in einer dieser Sprachen eine neue Objektinstanz auf der Grundlage einer Klasse erstellen, können Sie diesem Objekt ebenfalls keine neuen Eigenschaften hinzufügen. Falls eine Eigenschaft aber ein Objekt enthält, ist es möglich, dieses Objekt zu ändern. Im Grunde genommen bilden die versiegelten Objekte den Mechanismus in JavaScript, um Ihnen dieselben Kontrollmöglichkeiten ohne Verwendung von Klassen bereitzustellen.

> **Hinweis**
>
> Verwenden Sie bei versiegelten Objekten immer den Strict-Modus, damit Sie sofort erkennen, wenn jemand versucht, ein solches Objekt falsch zu verwenden.

4.7.3 Objekte einfrieren

Die dritte Möglichkeit, ein nicht erweiterbares Objekt zu erstellen, besteht darin, es *einzufrieren*. Bei einem solchen Objekt ist es nicht möglich, Eigenschaften hinzuzufügen oder zu entfernen, den Typ der Eigenschaften zu verändern oder Dateneigenschaften zu schreiben. Im Grunde ist ein eingefrorenes Objekt ein versiegeltes Objekt, bei dem auch die Dateneigenschaften schreibgeschützt sind. Eingefrorene Objekte lassen sich nicht wieder »auftauen«, sondern verbleiben in dem Zustand, den sie beim Einfrieren hatten. Um ein Objekt einzufrieren, wenden Sie Object.freeze() darauf an, und um zu bestimmen, ob ein Objekt eingefroren ist, verwenden Sie Object.isFrozen(). Betrachten Sie dazu das folgende Beispiel:

```
var person1 = {
    name: "Nicholas"
};

console.log(Object.isExtensible(person1));    // true
console.log(Object.isSealed(person1));        // false
console.log(Object.isFrozen(person1));        // false

Object.freeze(person1);                                    ❶
console.log(Object.isExtensible(person1));    // false     ❷
console.log(Object.isSealed(person1));        // true      ❸
console.log(Object.isFrozen(person1));        // true
```

```
person1.sayName = function() {
  console.log(this.name);
};

console.log("sayName" in person1);          // false

person1.name = "Greg";                                    ❹
console.log(person1.name);                  // "Nicholas"

delete person1.name;
console.log("name" in person1);             // true
console.log(person1.name);                  // "Nicholas"

var descriptor = Object.getOwnPropertyDescriptor(person1, "name");
console.log(descriptor.configurable);       // false
console.log(descriptor.writable);           // false
```

In diesem Beispiel wird person1 eingefroren ❶. Da eingefrorene Objekte nicht erweiterbar und versiegelt sind, gibt Object.isExtensible() den Wert false zurück ❷ und Object.isSealed() den Wert true ❸. Die Eigenschaft name kann auch nicht geändert werden. Wenn Sie ihr "Greg" zuweisen, schlägt die Operation fehl ❹, sodass ein darauf folgender Abruf von name immer noch "Nicholas" zurückgibt.

> **Hinweis**
>
> Eingefrorene Objekte sind Momentaufnahmen eines Objekts zu einem bestimmten Zeitpunkt. Sie sind nur von begrenztem Nutzen und sollten nur selten verwendet werden. Wie bei allen nicht erweiterbaren Objekten sollten Sie bei eingefrorenen Objekten den Strict-Modus verwenden.

4.8 Zusammenfassung

JavaScript-Objekte können Sie sich als Hashmaps vorstellen, deren Schlüssel/Wert-Paare die Eigenschaften sind. Um auf die Eigenschaften eines Objekts zuzugreifen, können Sie entweder die Punktschreibweise oder die Klammerschreibweise mit einem Stringbezeichner verwenden. Eigenschaften können Sie jederzeit hinzufügen, indem Sie ihnen einen Wert zuweisen, und auch jederzeit mit dem Operator delete wieder entfernen. Ob eine Eigenschaft vorhanden ist oder nicht, können Sie immer mit dem Operator in unter Angabe des Namens der Eigenschaft und des

Objekts ermitteln. Falls es sich dabei um eine eigene Eigenschaft handelt, können Sie auch die Methode `hasOwnProperty()` einsetzen, die in allen Objekten vorhanden ist. Alle Objekteigenschaften sind standardmäßig aufzählbar, was bedeutet, dass sie in einer `for-in`-Schleife durchlaufen und mithilfe von `Object.keys()` abgerufen werden können.

Es gibt zwei Arten von Eigenschaften, nämlich Dateneigenschaften und Zugriffseigenschaften. Dateneigenschaften sind Platzhalter für Werte, die Sie lesen und schreiben können. Wenn eine Dateneigenschaft einen Funktionswert enthält, wird sie als Methode des Objekts angesehen. Im Gegensatz dazu speichern die Zugriffseigenschaften selbst keine Werte, sondern setzen Get- und Set-Funktionen ein, um bestimmte Aktionen durchzuführen. Sowohl Daten- als auch Zugriffseigenschaften lassen sich mithilfe der Objektliteralschreibweise direkt erstellen.

Jegliche Eigenschaften verfügen über mehrere zugehörige Attribute, die festlegen, wie sich die Eigenschaften verhalten. Die Attribute `[[Enumerable]]` und `[[Configurable]]` gibt es sowohl bei den Daten- als auch bei den Zugriffseigenschaften. Dateneigenschaften weisen darüber hinaus die Attribute `[[Writable]]` und `[[Value]]` auf, Zugriffseigenschaften die Attribute `[[Get]]` und `[[Set]]`. Standardmäßig sind `[[Enumerable]]` und `[[Configurable]]` für alle Eigenschaften und `[[Writable]]` für Dateneigenschaften auf true gesetzt. Um die Attribute zu ändern, können Sie `Object.defineProperty()` bzw. `Object.defineProperties()` verwenden. Die Attribute lassen sich auch mithilfe von `Object.getOwnPropertyDescriptor()` abrufen.

Um die Eigenschaften eines Objekts zu sperren, stehen drei verschiedene Möglichkeiten zur Verfügung. Wenn Sie dazu `Object.preventExtensions()` verwenden, können dem Objekt keine Eigenschaften mehr hinzugefügt werden. Mit der Methode `Object.seal()` können Sie ein versiegeltes Objekt erstellen, das nicht erweiterbar ist und dessen Eigenschaften darüber hinaus auch nicht konfigurierbar sind. Die Methode `Object.freeze()` friert ein Objekt ein. Ein solchermaßen eingefrorenes Objekt verhält sich wie ein versiegeltes Objekt, dessen Dateneigenschaften überdies nicht schreibbar sind. Bei nicht erweiterbaren Objekten sollten Sie stets Vorsicht walten lassen und immer den Strict-Modus verwenden, damit jegliche Versuche, auf inkorrekte Weise auf diese Objekte zuzugreifen, einen Fehler auslösen.

5 Konstruktoren und Prototypen

Man kann in JavaScript ziemlich weit kommen, ohne sich tiefer mit Konstruktoren und Prototypen auszukennen, aber ohne ein genaues Verständnis dieser Elemente ist es nicht möglich, die Sprache wirklich wertzuschätzen. Da es in JavaScript keine Klassen gibt, müssen Konstruktoren und Prototypen dazu herhalten, die Objekte in eine vergleichbare Ordnung zu bringen. Einige dieser Muster ähneln zwar Klassen, was aber noch lange nicht bedeutet, dass sie sich auch genauso verhalten. In diesem Kapitel sehen wir uns Konstruktoren und Prototypen etwas ausführlicher an, um herauszufinden, wie Sie damit in JavaScript Objekte erstellen.

5.1 Konstruktoren

Ein *Konstruktor* ist lediglich eine Funktion, die Sie zusammen mit new einsetzen, um ein Objekt zu erstellen. Sie haben bis jetzt schon mehrere der in JavaScript vorhandenen Konstruktoren wie Object, Array und Function kennengelernt. Der Vorteil von Konstruktoren besteht darin, dass Objekte, die mit demselben Konstruktor erstellt wurden, auch die gleichen Eigenschaften und Methoden enthalten. Wenn Sie mehrere ähnliche Objekte anlegen wollen, können Sie dazu einen eigenen Konstruktor und somit auch Ihre eigenen Referenztypen erstellen.

Da ein Konstruktor nichts anderes ist als eine Funktion, definieren Sie ihn auf dieselbe Weise. Der einzige Unterschied besteht darin, dass die Namen von Konstruktoren mit einem großen Anfangsbuchstaben beginnen sollten, um sie von anderen Funktionen zu unterscheiden. Betrachten Sie zum Beispiel die folgende leere Funktion Person:

```
function Person() {
    // Absichtlich leer
}
```

Diese Funktion ist ein Konstruktor, weist aber absolut keine syntaktischen Unterschiede zu irgendeiner anderen Funktion auf. Den einzigen Hinweis darauf, dass es sich bei Person um einen Konstruktor handelt, bildet der Name: Am Anfang steht ein Großbuchstabe.

Wenn Sie einen Konstruktor definiert haben, können Sie damit Instanzen erstellen wie die beiden folgenden Person-Objekte:

```
var person1 = new Person();
var person2 = new Person();
```

Sie können sogar auf die Klammern verzichten, wenn Sie dem Konstruktor keine Parameter zu übergeben haben:

```
var person1 = new Person;
var person2 = new Person;
```

Der Konstruktor Person gibt zwar nichts explizit zurück, aber person1 und person2 sind Instanzen des neuen Typs Person. Der Operator new erstellt automatisch ein Objekt des gegebenen Typs und gibt ihn zurück. Daher können Sie mit dem Operator instanceof auch den Typ des Objekts herausfinden. In dem folgenden Beispielcode sehen Sie, wie instanceof auf die neu erstellten Objekte angewendet wird:

```
console.log(person1 instanceof Person);    // true
console.log(person2 instanceof Person);    // true
```

Da person1 und person2 mit dem Konstruktor Person erstellt wurden, gibt der Operator instanceof für die Überprüfung, ob es sich dabei um Instanzen des Typs Person handelt, true zurück.

Den Typ einer Instanz können Sie auch mit der Eigenschaft constructor überprüfen. Jede Objektinstanz verfügt automatisch über diese Eigenschaft, die einen Verweis auf die zum Erstellen der Instanz verwendete Konstruktorfunktion enthält. Für *generische* Objekte (also solche, die über ein Objektliteral oder den Konstruktor Object angelegt wurden), ist constructor auf Object gesetzt, für Objekte, die mit einem benutzerdefinierten Konstruktor erstellt wurden, zeigt sie dagegen auf die Konstruktorfunktion. So ist beispielsweise die Eigenschaft constructor für person1 und person2 gleich Person:

```
console.log(person1.constructor === Person);    // true
console.log(person2.constructor === Person);    // true
```

Die Funktion console.log gibt in beiden Fällen true aus, da beide Objekte mit dem Konstruktor Person erstellt wurden.

Obwohl es diese Verbindung zwischen einer Instanz und ihrem Konstruktor gibt, sollten Sie zur Prüfung des Typs einer Instanz lieber instanceof verwenden, da die Eigenschaft constructor überschrieben werden kann und daher nicht unbedingt korrekt sein muss.

Natürlich ist eine leere Konstruktorfunktion nicht besonders sinnvoll. Konstruktoren sind ja schließlich dazu da, die Erstellung mehrerer Objekte mit den gleichen Eigenschaften und Methoden zu erleichtern. Dazu fügen Sie alle gewünschten Eigenschaften einfach innerhalb des Konstruktors zu this hinzu, wie das folgende Beispiel zeigt:

```
function Person(name) {
    this.name = name;                     ❶
    this.sayName = function() {           ❷
        console.log(this.name);
    };
}
```

Diese Version des Konstruktors Person nimmt einen einzigen benannten Parameter entgegen, nämlich name, und weist ihn der Eigenschaft name des this-Objekts zu ❶. Außerdem fügt der Konstruktor dem Objekt die Methode sayName() hinzu ❷. Das this-Objekt wird automatisch von new angelegt, wenn Sie den Konstruktor aufrufen, und ist eine Instanz des Konstruktortyps (in diesem Fall also eine Instanz von Person). Da der Operator new den Rückgabewert hervorbringt, ist es nicht nötig, dass die Funktion selbst einen Wert zurückgibt.

Jetzt können Sie mit dem Konstruktor Person Objekte anlegen, bei denen die Eigenschaft name initialisiert ist:

```
var person1 = new Person("Nicholas");
var person2 = new Person("Greg");

console.log(person1.name);       // "Nicholas"
console.log(person2.name);       // "Greg"

person1.sayName();               // Gibt "Nicholas" aus
person2.sayName();               // Gibt "Greg" aus
```

Da jedes Objekt über seine eigene name-Eigenschaft verfügt, gibt die Methode sayName() je nachdem, für welches Objekt sie aufgerufen wird, einen anderen Wert zurück.

> **Hinweis**
>
> Innerhalb eines Konstruktors können Sie auch explizit return aufrufen. Ist der Rückgabewert ein Objekt, so wird es anstelle der neu erzeugen Objektinstanz zurückgegeben. Handelt es sich dagegen um einen primitiven Typ, so wird das neu erstellte Objekt verwendet und der Rückgabewert ignoriert.

Mithilfe von Konstruktoren können Sie die Instanzen eines Typs einheitlich initialisieren und die gesamte Installation der Eigenschaften durchführen, die erforderlich ist, bevor das Objekt verwendet werden kann. Beispielsweise können Sie innerhalb eines Konstruktors Object.defineProperty() einsetzen, um die Initialisierung der Instanz zu unterstützen:

```
function Person(name) {

    Object.defineProperty(this, "name", {
        get: function() {
            return name;
        },
        set: function(newName) {
            name = newName;
        },
        enumerable: true,
        configurable: true
    });

    this.sayName = function() {
        console.log(this.name);
    };
}
```

In dieser Version des Konstruktors Person ist name eine Zugriffseigenschaft, die den Parameter name dazu verwendet, um den eigentlichen Namen zu speichern. Das ist möglich, da sich benannte Parameter wie lokale Variablen verhalten.

Achten Sie darauf, Konstruktoren immer mit new aufzurufen, da Sie sonst kein neues Objekt anlegen, sondern das globale Objekt ändern. Schauen Sie sich an, was im folgenden Code passiert:

```
var person1 = Person("Nicholas");        // Achtung: Hier fehlt "new"!
console.log(person1 instanceof Person);  // false
console.log(typeof person1);             // "undefined"
console.log(name);                       // "Nicholas"
```

Wird Person als Funktion ohne new aufgerufen, entspricht der Wert von this innerhalb des Konstruktors dem globalen this-Objekt. Die Variable person1 enthält keinen Wert, da der Konstruktor Person auf new zurückgreift, um einen Rückgabewert zu liefern. Ohne new ist Person einfach eine Funktion ohne return-Anweisung. Durch die Zuweisung zu this.name wird in Wirklichkeit eine globale Variable namens name erstellt, in der der an Person übergebene Wert gespeichert wird. In Kapitel 7 finden Sie eine Lösung sowohl für dieses Problem als auch für noch kompliziertere Muster der Objektgestaltung.

> **Hinweis**
>
> Wenn Sie den Konstruktor Person im Strict-Modus ohne new aufrufen, wird ein Fehler ausgelöst, da this in diesem Modus nicht zum globalen Objekt zugewiesen wird, sondern undefiniert bleibt. Der Versuch, eine Eigenschaft für undefined einzurichten, führt immer zu einem Fehler.

Mithilfe von Konstruktoren können Sie Objektinstanzen mit den gleichen Eigenschaften einrichten, was allerdings keine Coderedundanzen verhindert. In dem bisher gezeigten Beispielcode verfügt jede Instanz über ihre eigene sayName()-Methode, die sich nicht von den anderen unterscheidet. Das heißt, dass Sie bei 100 Instanzen eines Objekts 100 Exemplare einer Funktion haben, die alle dasselbe tun, nur mit jeweils anderen Daten.

Es wäre viel wirtschaftlicher, wenn sich all diese Instanzen eine einzige Methode teilten und diese Methode this.name verwendete, um die jeweiligen Daten abzurufen. Das ist die Stelle, an der Prototypen ins Spiel kommen.

5.2 Prototypen

Einen *Prototyp* können Sie sich als eine Art Rezept für ein Objekt vorstellen. Fast alle Funktionen (mit Ausnahme einiger der eingebauten Funktionen) verfügen über die Eigenschaft prototype, die beim Erstellen neuer Instanzen verwendet wird. Alle Objektinstanzen teilen sich diesen Prototyp und können auf seine Eigenschaften zugreifen. Beispielsweise ist die Methode hasOwnProperty() im generischen Prototyp Object definiert, aber von allen Objekten aus zugänglich, als wäre sie eine eigene Eigenschaft, wie das folgende Beispiel zeigt:

```
var book = {
    title: "JavaScript objektorientiert"
};

console.log("title" in book);                               // true
console.log(book.hasOwnProperty("title"));                  // true
console.log("hasOwnProperty" in book);                      // true
console.log(book.hasOwnProperty("hasOwnProperty"));         // false
console.log(Object.prototype.hasOwnProperty("hasOwnProperty"));
                                                            // true
```

In book selbst gibt es zwar keine Definition für hasOwnProperty(), aber die Methode kann trotzdem als book.hasOwnProperty() angesprochen werden, da sich die Definition in Object.prototype befindet. Beachten Sie, dass der Operator in sowohl für Prototyp- als auch für eigene Eigenschaften true zurückgibt.

Prototypeigenschaften identifizieren

Um festzustellen, ob eine Eigenschaft zum Prototyp gehört, können Sie eine Funktion wie die folgende verwenden:

```
function hasPrototypeProperty(object, name) {
    return name in object && !object.hasOwnProperty(name);
}

console.log(hasPrototypeProperty(book, "title"));           // false
console.log(hasPrototypeProperty(book, "hasOwnProperty")); // true
```

Wenn die Eigenschaft in dem Objekt vorhanden ist, sodass der Operator in den Wert true liefert, hasOwnProperty() aber false zurückgibt, so handelt es sich um eine Eigenschaft des Prototyps.

5.2.1 Die Eigenschaft [[Prototype]]

Eine Instanz merkt sich ihren Prototyp mithilfe der internen Eigenschaft [[Prototype]]. Diese Eigenschaft ist ein Zeiger auf das Prototypobjekt, das die Instanz verwendet. Wenn Sie mit new ein neues Objekt erstellen, wird der Eigenschaft [[Prototype]] dieses Objekts die Eigenschaft prototype des Konstruktors zugewiesen. In Abbildung 5–1 sehen Sie, wie mehrere Instanzen eines Objekttyps auf denselben Prototyp verweisen, wodurch sich Coderedundanzen verringern lassen.

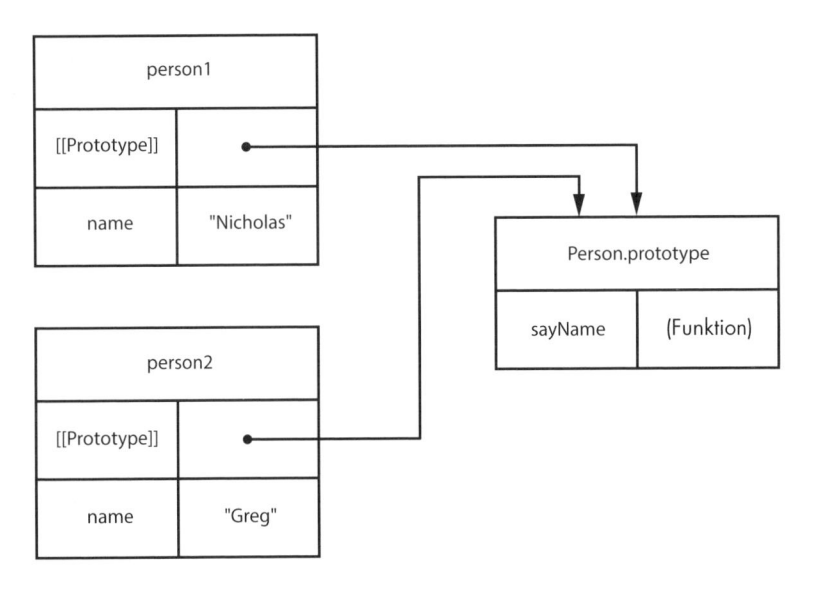

Abb. 5–1 Die [[Prototype]]-Eigenschaften von person1 und person2 zeigen beide auf denselben Prototyp.

Den Wert der Eigenschaft [[Prototype]] können Sie lesen, indem Sie die Methode Object.getPrototypeOf() auf das betreffende Objekt anwenden. Der folgende Code untersucht beispielsweise die Eigenschaft [[Prototype]] eines leeren generischen Objekts:

```
var object = {};                                    ❶
var prototype = Object.getPrototypeOf(object);

console.log(prototype === Object.prototype);    // true
```

Bei generischen Objekten wie diesem ❶ verweist [[Prototype]] stets auf Object.prototype.

> **Hinweis**
>
> Einige JavaScript-Engines unterstützen auch die Eigenschaft __proto__ für alle Objekte, mit der Sie die Eigenschaft [[Prototype]] sowohl lesen als auch schreiben können. In Firefox, Safari, Chrome und Node.js ist das bereits der Fall. Außerdem befindet sich __proto__ auf dem Weg zur Standardisierung in ECMAScript 6.

Mit der in allen Objekten vorhandenen Methode isPrototypeOf() können Sie auch herausfinden, ob ein Objekt der Prototyp eines anderen ist:

```
var object = {};

console.log(Object.prototype.isPrototypeOf(object));   // true
```

Da es sich bei object um ein generisches Objekt handelt, ist sein Prototyp Object.prototype, weshalb isPrototypeOf() hier true zurückgibt.

Wenn eine Objekteigenschaft gelesen werden soll, sucht die JavaScript-Engine zuerst nach einer eigenen Eigenschaft des betreffenden Namens und gibt deren Wert zurück. Hat das Zielobjekt aber keine solche Eigenschaft, durchsucht die Engine stattdessen das Prototypobjekt. Gibt es eine Prototypeigenschaft mit dem gewünschten Namen, so wird deren Wert zurückgegeben. Führt auch diese Suche nicht zum Erfolg, lautet das Ergebnis undefined.

Betrachten Sie den folgenden Code, in dem ein Objekt zunächst ohne jegliche eigenen Eigenschaften erstellt wird:

```
var object = {};

console.log(object.toString());    // "[object Object]"   ❶

object.toString = function() {
   return "[object Custom]";
};

console.log(object.toString());    // "[object Custom]"   ❷
```

```
// Löscht die eigene Eigenschaft
delete object.toString;

console.log(object.toString());      // "[object Object]"  ❸

// Hat keine Auswirkung - delete wirkt sich nur auf eigene
// Eigenschaften aus
delete object.toString;
console.log(object.toString());      // "[object Object]
```

In diesem Beispiel stammt die Methode toString() aus dem Prototyp und gibt standardmäßig "[object Object]" zurück ❶. Wenn Sie nun aber eine eigene Eigenschaft namens toString() erstellen, wird diese eigene Eigenschaft verwendet, sobald Sie toString() anschließend wieder für das Objekt aufrufen ❷. Die Prototypeigenschaft wird durch die gleichnamige eigene Eigenschaft *verborgen* und nun nicht mehr verwendet – bis die eigene Eigenschaft wieder von dem Objekt entfernt wird ❸. (Denken Sie daran, dass Sie eine Prototypeigenschaft nicht von einer Instanz entfernen können, da sich der Operator delete nur auf eigene Eigenschaften auswirkt.) Abbildung 5–2 zeigt, was in diesem Beispiel geschieht.

Das Beispiel veranschaulicht auch ein wichtiges Prinzip: Es ist nicht möglich, einer Prototypeigenschaft von einer Instanz aus einen Wert zuzuweisen. Wie Sie im mittleren Teil von Abbildung 5–2 sehen, wird durch die Zuweisung eines Werts zu toString eine neue eigene Eigenschaft der Instanz erstellt, wobei die Eigenschaft des Prototyps unangetastet bleibt.

var object = {};

object.toString = function() {
    return "[object Custom]";
};

delete object.toString;

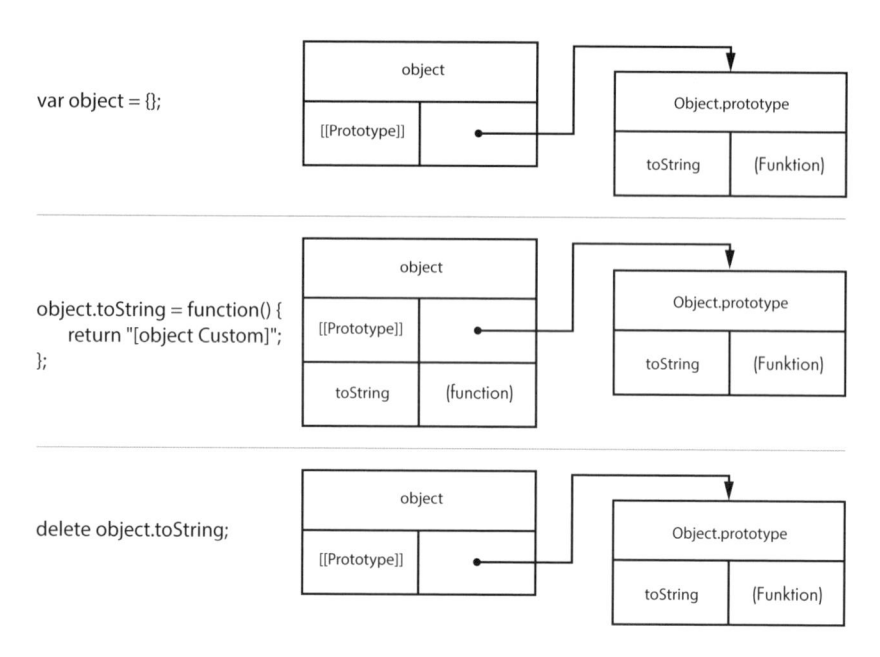

Abb. 5–2   Ein Objekt ohne eigene Eigenschaften (oben) verfügt nur über die Methoden seines Prototyps. Wenn Sie dem Objekt die Eigenschaft toString() hinzufügen, wird dadurch die Prototypeigenschaft ersetzt (Mitte), bis Sie toString() wieder löschen (unten).

5.2.2 Prototypen in Konstruktoren verwenden

Da Prototypen gemeinsam verwendet werden, eignen sie sich ideal dafür, Methoden einmalig für alle Objekte eines Typs zu definieren. Da Methoden in allen Instanzen meistens das Gleiche tun, gibt es keinen Grund, jede Instanz mit ihrem eigenen Satz von Methoden auszustatten.

Es ist sehr viel effizienter, die Methoden im Prototyp unterzubringen und mit this auf die jeweilige Instanz zuzugreifen. Betrachten Sie dazu das Beispiel des folgenden neuen Person-Konstruktors:

```
function Person(name) {
    this.name = name;
}

Person.prototype.sayName = function() {     ❶
    console.log(this.name);
};
```

```
var person1 = new Person("Nicholas");
var person2 = new Person("Greg");

console.log(person1.name);      // "Nicholas"
console.log(person2.name);      // "Greg"

person1.sayName();              // Gibt "Nicholas" aus
person2.sayName();              // Gibt "Greg" aus
```

In dieser Version des Konstruktors Person ist sayName() im Prototyp definiert ❶ statt im Konstruktor selbst. Die Objektinstanzen verhalten sich genauso wie in den Beispielen des vorherigen Kapitels, auch wenn es sich bei sayName() nun um eine Prototypeigenschaft handelt und nicht mehr um eine eigene. Da person1 und person2 jeweils die Basisreferenzen für ihre Aufrufe von sayName() darstellen, wird ihnen jeweils der Wert von this zugewiesen.

Auch andere Arten von Daten können im Prototyp gespeichert werden, allerdings sollten Sie bei der Verwendung von Referenzwerten Vorsicht walten lassen. Da diese Werte von allen Instanzen gemeinsam verwendet werden, kann eine Instanz Werte ändern, auf die eine andere zugreifen will. Das folgende Beispiel zeigt, was geschehen kann, wenn Sie nicht darauf aufpassen, worauf die Referenzwerte zeigen:

```
function Person(name) {
    this.name = name;
}

Person.prototype.sayName = function() {
    console.log(this.name);
};

Person.prototype.favorites = [];         ❶

var person1 = new Person("Nicholas");
var person2 = new Person("Greg");

person1.favorites.push("pizza");
person2.favorites.push("quinoa");

console.log(person1.favorites);     // "pizza,quinoa"
console.log(person2.favorites);     // "pizza,quinoa"
```

Die Eigenschaft favorites wird im Prototyp definiert ❶, sodass sowohl person1.favorites als auch person2.favorites auf *dasselbe Array* zeigen. Alle Werte, die Sie zu den favorites irgendeiner der beiden Personen hinzufügen, werden zu Elementen in diesem Array des Prototyps. Das aber ist oft nicht das Verhalten, das Sie erreichen möchten, weshalb Sie sehr vorsichtig mit dem sein müssen, was Sie im Prototyp definieren.

Es ist zwar möglich, dem Prototyp eine Eigenschaft nach der anderen hinzuzufügen, doch viele Entwickler bevorzugen eine knappere Form, bei der der Prototyp durch ein Objektliteral ersetzt wird:

```
function Person(name) {
    this.name = name;
}

Person.prototype = {
    sayName: function() {                    ❶
        console.log(this.name);
    },

    toString: function() {                   ❷
        return "[Person " + this.name + "]";
    }
};
```

In diesem Code werden zwei Methoden im Prototyp definiert, nämlich sayName() ❶ und toString() ❷. Dieses Muster ist ziemlich weit verbreitet, da es hierbei nicht erforderlich ist, wiederholt Person.prototype zu schreiben. Es gibt jedoch eine Nebenwirkung, auf die Sie achten müssen:

```
var person1 = new Person("Nicholas");

console.log(person1 instanceof Person);         // true
console.log(person1.constructor === Person);    // false
console.log(person1.constructor === Object);    // true    ❶
```

Wenn Sie die Objektliteralschreibweise zum Überschreiben des Prototyps verwenden, wird die Eigenschaft constructor verändert, sodass sie nun auf Object zeigt ❶ statt auf Person. Das liegt daran, dass diese Eigenschaft zum Prototyp gehört und nicht zur Objektinstanz. Beim Erstellen einer Funktion wird deren prototype-Eigenschaft so angelegt, dass ihre constructor-Eigenschaft gleich der Funktion ist. Bei dem hier gezeigten Muster wird das Prototypobjekt aber komplett überschrieben, sodass constructor nun aus dem neu erstellten (generischen) Objekt stammt, das Person.prototype zugewiesen wird. Um das zu vermeiden, müssen Sie die Eigenschaft constructor wieder auf einen passenden Wert setzen, wenn Sie den Prototyp überschreiben:

```
function Person(name) {
   this.name = name;
}

Person.prototype = {
   constructor: Person,                          ❶

   sayName: function() {
      console.log(this.name);
   },

   toString: function() {
      return "[Person " + this.name + "]";
   }
};

var person1 = new Person("Nicholas");
var person2 = new Person("Greg");

console.log(person1 instanceof Person);          // true
console.log(person1.constructor === Person);     // true
console.log(person1.constructor === Object);     // false

console.log(person2 instanceof Person);          // true
console.log(person2.constructor === Person);     // true
console.log(person2.constructor === Object);     // false
```

In diesem Beispiel wird die Eigenschaft constructor im Prototyp ausdrücklich festgelegt ❶. Es ist eine gute Angewohnheit, diese Eigenschaft im Prototyp als erste anzugeben, damit Sie sie nicht vergessen.

Der vielleicht interessanteste Aspekt in den Beziehungen zwischen Konstruktoren, Prototypen und Instanzen ist die Tatsache, dass es keine direkte Verbindung zwischen Instanz und Konstruktor gibt, dafür aber zwischen Instanz und Prototyp und zwischen Prototyp und Konstruktor. Diese Beziehungen verdeutlicht Abbildung 5–3.

```
                    person1
    ┌─────────────┬──────────────┐
    │ [[Prototype]] │      •       │──┐
    ├─────────────┼──────────────┤  │
    │    name     │  "Nicholas"  │  │
    └─────────────┴──────────────┘  │
```

              ┌─────────────────────────┐
              │   Person.prototype   │
              ├─────────────┬───────────┤
              │ Constructor │   •   │──────┐
              ├─────────────┼───────────┤   │
              │   sayName   │ (Funktion)│   ▼
              ├─────────────┼───────────┤   ┌──────────────────────┐
              │   toString │ (Funktion)│   │   Person   │
              └─────────────┴───────────┘   ├───────────┬──────────┤
                                            │ prototype │   •   │
    ┌─────────────┬──────────────┐   └───────────┴──────────┘
    │   person2   │
    ├─────────────┬──────────────┤
    │ [[Prototype]] │   •   │
    ├─────────────┼──────────────┤
    │   name   │   "Greg"   │
    └─────────────┴──────────────┘

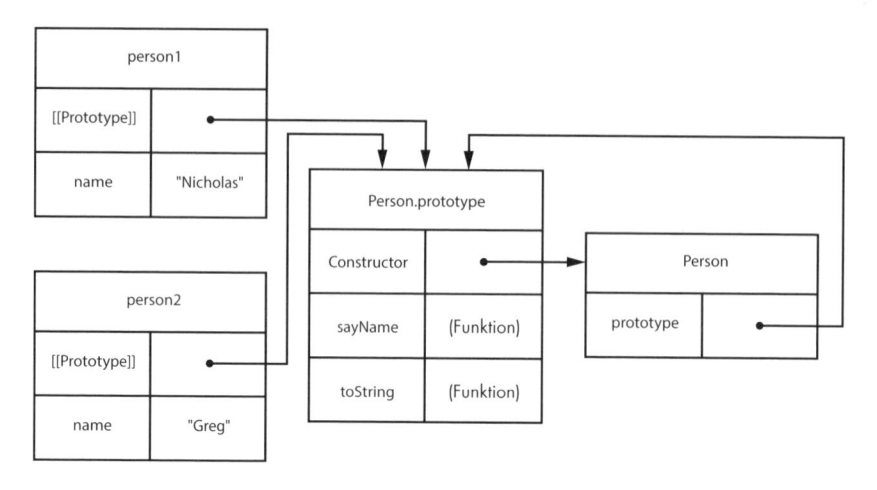

Abb. 5-3   Eine Instanz und ihr Konstruktor sind über den Prototyp miteinander verbunden.

Dies bedeutet, dass jede Unterbrechung zwischen Instanz und Prototyp auch eine Unterbrechung zwischen Instanz und Konstruktor hervorruft.

5.2.3 Prototypen ändern

Da alle Instanzen eines Typs auf einen gemeinsamen Prototyp verweisen, können Sie all diese Objekte auf einmal erweitern. Schließlich enthält die Eigenschaft [[Prototype]] lediglich einen Zeiger auf den Prototyp, weshalb alle Änderungen an diesem Prototyp sofort in allen Instanzen zur Verfügung stehen, die darauf verweisen. Das bedeutet, dass Sie dem Prototyp von jeder Stelle aus neue Elemente hinzufügen können und dass die bestehenden Instanzen diese Änderungen dann widerspiegeln, wie das folgende Beispiel zeigt:

```
function Person(name) {
    this.name = name;
}

Person.prototype = {
    constructor: Person,

    sayName: function() {                                    ❶
        console.log(this.name);
    },
```

```
        toString: function() {                          ❷
            return "[Person " + this.name + "]";
        }
    };

    var person1 = new Person("Nicholas");               ❸
    var person2 = new Person("Greg");

    console.log("sayHi" in person1);        // false
    console.log("sayHi" in person2);        // false

    // Eine neue Methode hinzufügen
    Person.prototype.sayHi = function() {               ❹
        console.log("Hi");
    };

    person1.sayHi();                        // Gibt "Hi" aus   ❺
    person2.sayHi();                        // Gibt "Hi" aus
```

In diesem Code hat der Typ Person zu Anfang nur zwei Methoden, nämlich sayName() ❶ und toString() ❷. Anschließend werden zwei Instanzen von Person erstellt ❸, und dann wird dem Prototyp die Methode sayHi() hinzugefügt ❹. Von diesem Zeitpunkt an haben beide Instanzen Zugriff auf sayHi() ❺. Da ohnehin bei jedem Zugriff auf eine benannte Eigenschaft nach ihr gesucht wird, verläuft der Vorgang reibungslos.

Die Möglichkeit, den Prototyp jederzeit zu ändern, hat einige bemerkenswerte Auswirkungen auf versiegelte und eingefrorene Objekte. Object.seal() und Object.freeze() betreffen *ausschließlich* die Objektinstanz und die eigenen Eigenschaften. Einem eingefrorenen Objekt können Sie keine neuen eigenen Eigenschaften hinzufügen, und Sie können auch nicht dessen bereits vorhandene eigene Eigenschaften ändern, aber es ist immer noch möglich, den Prototyp um weitere Eigenschaften zu ergänzen und die Objekte dadurch zu erweitern, wie der folgende Code zeigt:

```
    var person1 = new Person("Nicholas");
    var person2 = new Person("Greg");

    Object.freeze(person1);                 ❶

    Person.prototype.sayHi = function() {   ❷
        console.log("Hi");
    };

    person1.sayHi();                        // Gibt "Hi" aus
    person2.sayHi();                        // Gibt "Hi" aus
```

In diesem Beispiel gibt es zwei Instanzen von Person, von denen die erste (person1) eingefroren ist ❶, während es sich bei der zweiten um ein normales Objekt handelt. Wenn Sie nun sayHi() zum Prototyp hinzufügen ❷, erhalten sowohl person1 als auch person2 die neue Methode, was anscheinend im Widerspruch zu der Tatsache steht, dass person1 eingefroren ist. Die Eigenschaft [[Prototype]] wird zwar als eine eigene Eigenschaft der Instanz angesehen, aber während die Eigenschaft selbst eingefroren ist, so gilt das nicht für den Wert (ein Objekt).

> **Hinweis**
> Bei der Entwicklung in JavaScript werden Sie Prototypen wahrscheinlich nicht sehr oft auf diese Weise einsetzen. Es ist aber wichtig, die Beziehungen zwischen Objekten und ihren Prototypen zu kennen, und etwas eigenartige Beispiele wie diese können diese Prinzipien sehr schön deutlich machen.

5.2.4 Prototypen der eingebauten Objekte

Vielleicht fragen Sie sich an dieser Stelle, ob Sie mithilfe von Prototypen auch die eingebauten Objekte ändern können, die standardmäßig in der JavaScript-Engine vorhanden sind. Die Antwort lautet Ja. Für alle eingebauten Objekte gibt es Konstruktoren und daher auch Prototypen, die Sie ändern können. Um beispielsweise eine neue Methode hinzuzufügen, die in allen Arrays verwendet werden kann, müssen Sie nicht mehr tun, als Array.prototype zu ändern:

```
Array.prototype.sum = function() {
    return this.reduce(function(previous, current) {
        return previous + current;
    });
};

var numbers = [ 1, 2, 3, 4, 5, 6 ];
var result = numbers.sum();

console.log(result);                    // 21
```

In diesem Beispiel wird in Array.prototype die Methode sum() erstellt, die einfach nur alle Elemente in dem Array addiert und das Ergebnis zurückgibt. Über den Prototyp hat das Array numbers automatisch Zugriff auf diese Methode. Innerhalb von sum() verweist this auf numbers, das eine

Instanz von `Array` ist. Daher kann die Methode auch auf andere Arraymethoden wie `reduce()` zurückgreifen.

Wie Sie wissen, verfügen Strings, Zahlen und boolesche Werte über Wrapper-Typen für primitive Typen, womit es möglich ist, auf primitive Werte so zuzugreifen, als wären es Objekte. Wenn Sie den Prototyp für einen solchen Wrapper-Typ wie in dem folgenden Beispiel verändern, können Sie den Funktionsumfang dieser primitiven Werte erweitern:

```
String.prototype.capitalize = function() {
    return this.charAt(0).toUpperCase() + this.substring(1);
};

var message = "hello world!";
console.log(message.capitalize());    // "Hello world!"
```

Dieser Code erstellt die neue Methode `capitalize()` für Strings. Der Typ `String` ist ein Wrapper für Strings, und wenn Sie ihn ändern, wirken sich diese Änderungen automatisch auf sämtliche Strings aus.

> **Hinweis**
>
> Es mag zwar Spaß machen und interessant sein, die eingebauten Objekte zu ändern, um mit ihrem Funktionsumfang zu experimentieren, aber in einer Produktionsumgebung sollten Sie davon Abstand nehmen. Entwickler erwarten, dass sich eingebaute Objekte auf eine ganz bestimmte Weise verhalten und ganz bestimmte Methoden aufweisen. Die willkürliche Veränderung dieser eingebauten Objekte macht diese Erwartungen zunichte und lässt andere Entwickler darüber im Unklaren, wie diese Objekte funktionieren.

5.3 Zusammenfassung

Konstruktoren sind nichts anderes als normale Funktionen, die mit dem Operator `new` aufgerufen werden. Wenn Sie mehrere Objekte mit den gleichen Eigenschaften erstellen wollen, können Sie jederzeit Ihre eigenen Konstruktoren dafür definieren. Mit welchem Konstruktor ein Objekt erstellt wurde, können Sie mithilfe von `instanceof` oder durch den direkten Zugriff auf seine Eigenschaft `constructor` ermitteln.

Jede Funktion verfügt über die Eigenschaft `prototype`, in der alle Eigenschaften definiert sind, die sämtliche mit dem entsprechenden Konstruktor erstellten Objekte gemeinsam aufweisen. Gemeinsame Methoden und Eigenschaften mit primitiven Werten werden gewöhnlich im Prototyp definiert, alle anderen Eigenschaften im Konstruktor. Die Eigenschaft constructor ist im Prototyp definiert, da sie allen Objektinstanzen gemeinsam ist.

Der Prototyp eines Objekts wird intern in der Eigenschaft [[Prototype]] gespeichert. Diese Eigenschaft ist eine Referenz, keine Kopie. Wenn Sie den Prototyp irgendwann ändern, treten diese Änderungen aufgrund der Art und Weise, in der JavaScript Eigenschaften nachschlägt, in allen Instanzen in Kraft. Wenn Sie in einem Objekt auf eine Eigenschaft zugreifen möchten, wird das Objekt nach einer eigenen Eigenschaft dieses Namens durchsucht. Ist diese Suche erfolglos, so wird der Prototyp durchsucht. Dank dieses Suchmechanismus kann der Prototyp immer wieder geändert werden, wobei die Objektinstanzen, die auf ihn verweisen, diese Änderungen unmittelbar widerspiegeln.

Auch eingebaute Objekte verfügen über Prototypen, die sich ändern lassen. Zwar wird davon abgeraten, dies in einer Produktionsumgebung zu tun, doch ist diese Möglichkeit sehr hilfreich, um zu experimentieren und um Erweiterungen des Funktionsumfangs prinzipiell zu prüfen.

6 Vererbung

Zu lernen, wie man Objekte erstellt, ist der erste Schritt, um mit der objektorientierten Programmierung vertraut zu werden. Der zweite besteht darin, die Vererbung zu meistern. In herkömmlichen objektorientierten Sprachen erben Klassen die Eigenschaften von anderen Klassen. In JavaScript dagegen kann eine Vererbung zwischen Objekten stattfinden, ohne dass eine klassenähnliche Struktur die Beziehung dafür festlegt. Den Mechanismus für diese Art von Vererbung kennen Sie bereits: Prototypen.

6.1 Prototypverkettung und Object.prototype

Der Mechanismus in JavaScript für die Vererbung ist die *Prototypverkettung* oder die *prototypische Vererbung*. Wie Sie in Kapitel 5 gelernt haben, sind die Eigenschaften des Prototyps automatisch in allen seinen Objektinstanzen verfügbar, was eine Form der Vererbung darstellt: Die Objektinstanzen erben Eigenschaften vom Prototyp. Da der Prototyp aber selbst ein Objekt ist, hat auch er einen Prototyp, von dem er Eigenschaften erbt. Dies ist die *Prototypkette*: Ein Objekt erbt von seinem Prototyp, dieser Prototyp erbt wiederum von seinem Prototyp usw.

Alle Objekte, auch diejenigen, die Sie selbst definieren, erben automatisch von Object, sofern Sie nichts anderes festlegen (was weiter hinten in diesem Kapitel noch besprochen wird). Genauer gesagt, erben alle Objekte von Object.prototype. Bei jedem Objekt, das Sie über ein Objektliteral definieren, ist die Eigenschaft [[Prototype]] auf Object.prototype gesetzt, was bedeutet, dass es Eigenschaften von Object.prototype erbt. Das ist im folgenden Beispiel bei book der Fall:

```
var book = {
    title: "JavaScript objektorientiert"
};

var prototype = Object.getPrototypeOf(book);

console.log(prototype === Object.prototype);          // true
```

Der Prototyp von book ist hier gleich Object.prototype. Um das zu erreichen, ist kein zusätzlicher Code erforderlich, da dies das Standardverhalten beim Erstellen neuer Objekte ist. Diese Beziehung bedeutet, dass book automatisch die Methoden von Object.prototype erhält.

6.1.1 Von Object.prototype geerbte Methoden

Mehrere der in den letzten Kapiteln verwendeten Methoden sind in Object.prototype definiert und werden daher von allen Objekten geerbt. Es handelt sich dabei um folgende:

hasOwnProperty()	Ermittelt, ob es eine eigene Eigenschaft des angegebenen Namens gibt.
propertyIsEnumerable()	Ermittelt, ob die angegebene Eigenschaft aufzählbar ist.
isPrototypeOf()	Ermittelt, ob das Objekt der Prototyp eines anderen Objekts ist.
valueOf()	Gibt eine Wertdarstellung des Objekts zurück.
toString()	Gibt eine Stringdarstellung des Objekts zurück.

Aufgrund der Vererbung sind diese fünf Methoden in allen Objekten vorhanden. Die beiden letzten sind wichtig, damit sich Objekte in JavaScript einheitlich verhalten. Es gibt Fälle, in denen Sie sie selbst definieren sollten.

valueOf()

Die Methode valueOf() wird immer dann aufgerufen, wenn ein Operator auf ein Objekt angewendet wird. Standardmäßig gibt valueOf() einfach die Objektinstanz zurück. Die Wrapper für primitive Typen überschreiben valueOf() so, dass stattdessen ein String für String, ein boolescher Wert für Boolean und eine Zahl für Number zurückgegeben wird. Ebenso gibt auch die Methode `valueOf()` des `Date`-Objekts die Epochenzeit in Millisekunden zurück (ebenso wie `Date.prototype.getTime()`). Dadurch können Sie zum Vergleichen von Daten folgenden Code schreiben:

```
var now = new Date();
var earlier = new Date(2010, 1, 1);

console.log(now > earlier);        // true       ❶
```

In diesem Beispiel ist `now` ein `Date`-Objekt, das die aktuelle Zeit angibt, und `earlier` ein festes Datum in der Vergangenheit. Bei der Verwendung des Größer-als-Operators (>) ❶ wird die Methode `valueOf()` für beide Objekte aufgerufen, bevor der Vergleich stattfindet. Dank `valueOf()` ist es sogar möglich, ein Datum von einem anderen Datum zu subtrahieren und die Differenz in Epochenzeit zu erhalten.

Wenn Ihre Objekte zusammen mit Operatoren verwendet werden sollen, können Sie stets Ihre eigene `valueOf()`-Methode definieren. Dabei müssen Sie aber beachten, dass Sie dadurch nicht etwa die Funktionsweise des Operators ändern, sondern nur den Wert, auf den Sie das Standardverhalten des Operators anwenden.

toString()

Die Methode `toString()` wird als Ausweichlösung aufgerufen, wenn `valueOf()` einen Referenzwert statt eines primitiven Werts zurückgibt. Außerdem wird sie implizit für primitive Werte aufgerufen, wenn JavaScript einen String erwartet. Wenn beispielsweise ein String als einer der Operanden des Plus-Operators verwendet wird, so wird der andere Operand automatisch in einen String konvertiert. Handelt es sich bei dem anderen Operanden um einen primitiven Wert, so wird er in eine Stringdarstellung umgewandelt (beispielsweise wird true zu "true"). Bei einem Referenzwert wird dagegen `valueOf()` aufgerufen. Gibt `valueOf()` einen Referenzwert zurück, so wird `toString()` aufgerufen und der zurückgegebene String verwendet. Betrachten Sie dazu das folgende Beispiel:

```
var book = {
    title: "JavaScript objektorientiert"
};

var message = "Book = " + book;
console.log(message);                 // "Book = [object Object]"
```

Dieser Code baut den String durch die Verkettung von "Book = " mit book auf. Da es sich bei book um ein Objekt handelt, wird dessen toString()-Methode aufgerufen. Diese Methode wird von Object.prototype geerbt und gibt in den meisten JavaScript-Engines standardmäßig den Wert "[object Object]" zurück. Wenn Sie mit diesem Wert arbeiten können, gibt es keinen Grund, die Methode toString() Ihres Objekts zu ändern. Manchmal ist es jedoch sinnvoll, eine eigene toString()-Methode zu definieren, damit die Stringumwandlung einen Wert zurückgibt, der mehr Angaben enthält. Nehmen wir beispielsweise an, dass das zuvor gezeigte Skript den Titel des betreffenden Buchs festhalten soll:

```
var book = {
   title: "JavaScript objektorientiert",
   toString: function() {
      return "[Book " + this.title + "]"
   }
};

var message = "Book = " + book;

// "Book = [Book JavaScript objektorientiert]"
console.log(message);          ❶
```

Dieser Code definiert eine eigene toString()-Methode für book, die einen brauchbareren Wert zurückgibt ❶ als die geerbte Version. Normalerweise müssen Sie sich nicht damit abmühen, eine eigene toString()-Methode zu definieren, aber es ist gut zu wissen, dass es falls notwendig möglich ist.

6.1.2 Object.prototype ändern

Alle Objekte erben standardmäßig von Object.prototype, weshalb sich Änderungen an Object.prototype auf alle Objekte auswirken. In Kapitel 5 wurde davon abgeraten, die Prototypen der eingebauten Objekte zu ändern, und das gilt natürlich erst recht für Object.prototype. Schauen Sie sich an, was passieren kann:

```
Object.prototype.add = function(value) {
   return this + value;
};

var book = {
   title: "JavaScript objektorientiert"
};

console.log(book.add(5));            // "[object Object]5"
console.log("title".add("end"));     // "titleend"

// In einem Webbrowser
console.log(document.add(true));     // "[object HTMLDocument]true"
console.log(window.add(5));          // "[object Window]true"
```

Durch die Ergänzung um Object.prototype.add() erhalten alle Objekte eine add()-Methode, und zwar unabhängig davon, ob es für sie sinnvoll ist oder nicht. Dies ist nicht nur für Entwickler ein Problem, sondern auch für das Komitee, das an der Sprache JavaScript arbeitet: Es muss neue Methoden an anderen Stellen einführen, da es unvorhersehbare Folgen haben kann, sie einfach in Object.prototype hinzuzufügen.

Eine weitere Facette dieses Problems betrifft die Erweiterung von Object.prototype um aufzählbare Eigenschaften. Object.prototype.add() aus dem vorherigen Beispiel ist eine solche Eigenschaft und taucht daher bei der Verwendung einer for-in-Schleife wie der folgenden auf:

```
var empty = {};

for (var property in empty) {
    console.log(property);
}
```

Hier gibt ein leeres Objekt immer noch "add" als Eigenschaft aus, da diese Eigenschaft im Prototyp vorhanden und aufzählbar ist. Da for-in-Konstrukte in JavaScript sehr häufig eingesetzt werden, kann sich die Erweiterung von Object.prototype um aufzählbare Eigenschaften auf eine große Menge Code auswirken. Aus diesem Grund empfiehlt Douglas Crockford, in for-in-Schleifen immer hasOwnProperty() zu verwenden:[1]

---

1) Siehe »Code Conventions for the JavaScript Programming Language« von Douglas Crockford *(http://javascript.crockford.com/code.html)*.

```
var empty = {};

for (var property in empty) {
    if (empty.hasOwnProperty(property)) {
        console.log(property);
    }
}
```

Diese Vorgehensweise bietet zwar einen wirkungsvollen Schutz gegen mögliche, aber unerwünschte Prototypeigenschaften, schränkt aber die Verwendung von for-in auf eigene Eigenschaften ein, was nicht unbedingt das sein muss, was Sie damit vorhaben. Für eine größtmögliche Flexibilität, besteht deshalb die sicherste Vorgehensweise darin, Object.prototype nicht zu verändern.

6.2 Objektvererbung

Die einfachste Form der Vererbung ist die zwischen Objekten. Dazu müssen Sie nicht mehr tun, als anzugeben, welches Objekt der Prototyp des neuen Objekts sein soll. Bei Objektliteralen wird implizit Object.prototype als Prototyp festgelegt, aber mit der Methode Object.create() können Sie [[Prototype]] explizit angeben.

Die Methode Object.create() nimmt zwei Argumente entgegen. Das erste ist das Objekt, das als Prototyp für das neue Objekt verwendet werden soll, das optionale zweite ist ein Objekt aus Eigenschaftsdeskriptoren in demselben Format, das auch von Object.defineProperties() verwendet wird (siehe Kapitel 4). Betrachten Sie dazu den folgenden Code:

```
var book = {
    title: "JavaScript objektorientiert"
};

// Dies ist das Gleiche wie:

var book = Object.create(Object.prototype, {
            title: {
                configurable: true,
                enumerable: true,
                value: "JavaScript objektorientiert",
                writable: true
            }
        });
```

Die beiden hier gezeigten Deklarationen haben dieselbe Wirkung. Bei der ersten wird ein Objektliteral verwendet, um ein Objekt mit einer einzigen Eigenschaft namens title zu definieren. Dieses Objekt erbt automatisch von Object.prototype, und die Eigenschaft wird standardmäßig als konfigurierbar, aufzählbar und schreibbar eingerichtet. Bei der zweiten Deklaration geschieht genau dasselbe, allerdings explizit mithilfe von Object.create(). Die resultierenden book-Objekte aus beiden Deklarationen verhalten sich genau identisch. Allerdings werden Sie kaum jemals eigens Code schreiben, der direkt von Object.prototype erbt, da Sie dieses Verhalten auch standardmäßig bekommen. Viel interessanter ist es, Objekte von anderen Objekten erben zu lassen:

```
var person1 = {
   name: "Nicholas",
   sayName: function() {
      console.log(this.name);
   }
};

var person2 = Object.create(person1, {
   name: {
      configurable: true,
      enumerable: true,
      value: "Greg",
      writable: true
   }
});

person1.sayName();                                  // Gibt "Nicholas" aus
person2.sayName();                                  // Gibt "Greg" aus

console.log(person1.hasOwnProperty("sayName"));     // true
console.log(person1.isPrototypeOf(person2));        // true
console.log(person2.hasOwnProperty("sayName"));     // false
```

Dieser Code erstellt das Objekt person1 mit der Eigenschaft name und der Methode sayName(). Das Objekt person2 erbt von person1 und erhält von ihm daher sowohl name als auch sayName(). Allerdings wird person2 über Object.create() erstellt, worin eine eigene name-Eigenschaft für person2 definiert wird. Diese eigene Eigenschaft verbirgt die gleichnamige Prototypeigenschaft und wird an deren Stelle verwendet. Daher gibt person1.sayName() den Wert "Nicholas" aus, person2.sayName() dagegen

"Greg". Denken Sie daran, dass sayName() immer noch ausschließlich in person1 vorhanden ist und von person2 nur geerbt wird.

Die Vererbungskette in diesem Beispiel ist für person2 länger als für person1: Das Objekt person2 erbt vom Objekt person1, das wiederum von Object.prototype erbt. Dies können Sie in Abbildung 6-1 erkennen.

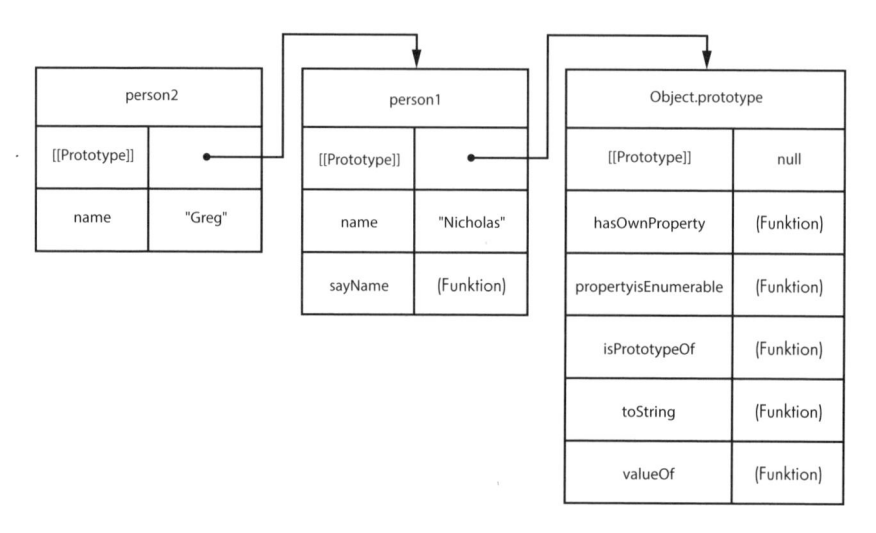

person2			person1			Object.prototype	
[[Prototype]]	•		[[Prototype]]	•		[[Prototype]]	null
name	"Greg"		name	"Nicholas"		hasOwnProperty	(Funktion)
			sayName	(Funktion)		propertyisEnumerable	(Funktion)
						isPrototypeOf	(Funktion)
						toString	(Funktion)
						valueOf	(Funktion)

Abb. 6-1   Die Prototypkette für person2 umfasst person1 und Object.prototype.

Beim Zugriff auf die Eigenschaft eines Objekts durchläuft die JavaScript-Engine einen Suchprozess. Wenn die Eigenschaft in der Instanz zu finden ist (wenn es sich also um eine eigene Eigenschaft handelt), wird deren Wert verwendet. Gibt es die Eigenschaft in der Instanz aber nicht, wird die Suche im Prototypobjekt fortgesetzt. Wenn die Eigenschaft auch dort nicht zu entdecken ist, geht es weiter mit dem Prototyp dieses Objekts und so weiter, bis das Ende der Kette erreicht ist. Dieses Ende befindet sich gewöhnlich bei Object.prototype, dessen Eigenschaft [[Prototype]] auf null gesetzt ist.

Mit Object.create() können Sie auch selbst Objekte erstellen, deren Eigenschaft [[Prototype]] den Wert null hat:

```
var nakedObject = Object.create(null);

console.log("toString" in nakedObject);     // false
console.log("valueOf" in nakedObject);      // false
```

In diesem Beispiel ist nakedObject ein Objekt ohne Prototypkette, weshalb die eingebauten Methoden wie toString() und valueOf() in ihm nicht vorhanden sind. Tatsächlich handelt es sich bei diesem Objekt um ein unbeschriebenes Blatt ohne vordefinierte Eigenschaften. Daher eignet es sich ideal, um eine Hashtabelle zum Nachschlagen zu erstellen, ohne mögliche Namenskonflikte mit geerbten Eigenschaften heraufzubeschwören. Abgesehen davon gibt es jedoch nicht viele Verwendungszwecke für ein Objekt wie dieses. Sie können damit auch nicht so umgehen wie mit einem Objekt, das von Object.prototype erbt. Beispielsweise erhalten Sie jedes Mal, wenn Sie versuchen, einen Operator auf nakedObject anzuwenden, eine Fehlermeldung, die so viel besagt wie: »Kann das Objekt nicht in einen primitiven Wert umwandeln.« Dennoch stellt die Möglichkeit, prototyplose Objekte zu erstellen, eine interessante Besonderheit der Sprache JavaScript dar.

6.3 Konstruktorvererbung

Die Objektvererbung in JavaScript ist auch die Grundlage der Konstruktorvererbung. Wie Sie in Kapitel 5 erfahren haben, verfügt fast jede Funktion über die Eigenschaft prototype, die sich ändern oder ersetzen lässt. Diese Eigenschaft wird automatisch als neues generisches Objekt zugewiesen, das von Object.prototype erbt und über eine einzige Eigenschaft namens constructor verfügt. Im Grunde genommen erledigt die JavaScript-Engine für Sie Folgendes:

```
// Was Sie schreiben
function YourConstructor() {
    // Initialisierung
}

// Was die JavaScript-Engine hinter den Kulissen für Sie erledigt
YourConstructor.prototype = Object.create(Object.prototype, {
                    constructor: {
                        configurable: true,
                        enumerable: true,
                        value: YourConstructor,
                        writable: true
                    }
                });
```

Ohne Mehraufwand für Sie setzt der Code die Eigenschaft prototype des Konstruktors auf ein Objekt, das von Object.prototype erbt, sodass alle Instanzen von YourConstructor ebenfalls von Object.prototype erben. Damit ist YourConstructor ein *Subtyp* von Object und Object ein *Supertyp* von YourConstructor.

Da die Eigenschaft prototype schreibbar ist, können Sie die Prototypkette verändern, indem Sie die Eigenschaft überschreiben. Betrachten Sie dazu das folgende Beispiel:

```
function Rectangle(length, width) {         ❶
   this.length = length;
   this.width = width;
}

Rectangle.prototype.getArea = function() {
   return this.length * this.width;
};

Rectangle.prototype.toString = function() {
   return "[Rectangle " + this.length + "x" + this.width + "]";
};

// Erbt von Rectangle
function Square(size) {                     ❷
   this.length = size;
   this.width = size;
}

Square.prototype = new Rectangle();
Square.prototype.constructor = Square;

Square.prototype.toString = function() {
   return "[Square " + this.length + "x" + this.width + "]";
};

var rect = new Rectangle(5, 10);
var square = new Square(6);

console.log(rect.getArea());                // 50
console.log(square.getArea());              // 36
```

```
console.log(rect.toString());              // "[Rectangle 5x10]"
console.log(square.toString());            // "[Square 6x6]"

console.log(rect instanceof Rectangle);    // true
console.log(rect instanceof Object);       // true

console.log(square instanceof Square);     // true
console.log(square instanceof Rectangle);  // true
console.log(square instanceof Object);     // true
```

Dieser Code enthält zwei Konstruktoren, nämlich Rectangle ❶ und Square ❷. Die Eigenschaft prototype des Konstruktors Square ist mit einer Instanz von Rectangle überschrieben. An diesem Punkt werden Rectangle keine Argumente übergeben, da sie nicht benötigt werden. Würden sie hier übergeben, so würden alle Instanzen von Square dieselben Abmessungen aufweisen. Wenn Sie die Prototypkette auf diese Weise ändern, müssen Sie immer sicherstellen, dass der Konstruktor keinen Fehler auslöst, wenn keine Argumente bereitgestellt werden (viele Konstruktoren enthalten eine Initialisierungslogik, die möglicherweise Argumente benötigt), und dass der Konstruktor keinen globalen Status ändert, z.B. bei der Nachverfolgung der Anzahl erstellter Instanzen. Die Eigenschaft constructor wird in Square.prototype wiederhergestellt, nachdem der ursprüngliche Wert überschrieben wurde.

Anschließend wird rect als Instanz von Rectangle erstellt und square als Instanz von Square. Beide Objekte verfügen über die Methode getArea(), da sie sie von Rectangle.prototype erben. Die Variable square wird als Instanz sowohl von Square als auch von Rectangle und Object angesehen, da instanceof den Objekttyp anhand der Prototypkette bestimmt. Betrachten Sie dazu Abbildung 6–2

square	
[[Prototype]]	•
length	6
width	6

Square.prototype	
[[Prototype]]	•
toString	(Funktion)

Object.prototype	
[[Prototype]]	null
hasOwnProperty	(Funktion)
propertyIsEnumerable	(Funktion)
isPrototypeOf	(Funktion)
toString	(Funktion)
valueOf	(Funktion)

rect	
[[Prototype]]	•
length	5
width	10

Rectangle.prototype	
[[Prototype]]	•
getArea	(Funktion)
toString	(Funktion)

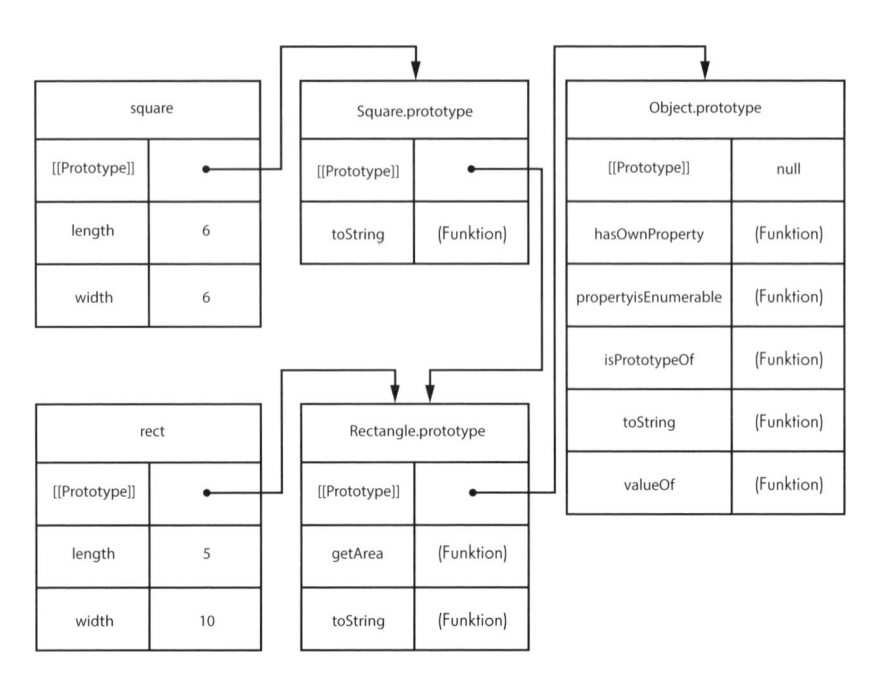

Abb. 6–2 Die Prototypketten für square und rect zeigen, dass beide Objekte von Rectangle.prototype und Object.prototype erben, square darüber hinaus aber auch noch von Square.prototype.

Eigentlich muss Square.prototype gar nicht mit einem Rectangle-Objekt überschrieben werden, denn der Konstruktor Rectangle tut gar nichts, was für Square notwendig wäre. Wichtig ist nur, dass Square.prototype irgendeine Verbindung zu Rectangle.prototype bekommt, damit die Vererbung funktionieren kann. Daher können Sie dieses Beispiel vereinfachen, indem Sie Object.create() ein weiteres Mal anwenden:

```
// Erbt von Rectangle
function Square(size) {
    this.length = size;
    this.width = size;
}

Square.prototype = Object.create(Rectangle.prototype, {
    constructor: {
        configurable: true,
        enumerable: true,
        value: Square,
        writable: true
    }
});
```

```
Square.prototype.toString = function() {
    return "[Square " + this.length + "x" + this.width + "]";
};
```

In dieser Version des Codes wird `Square.prototype` mit einem neuen Objekt überschrieben, das von `Rectangle.prototype` erbt. Der Konstruktor `Rectangle` dagegen wird niemals aufgerufen. Dadurch müssen Sie sich keine Sorgen mehr über Fehler machen, die dadurch entstehen, dass der Konstruktor ohne Argumente aufgerufen wird. In allen anderen Aspekten verhält sich dieser Code genauso wie der vorhergehende. Die Prototypkette ist nach wie vor intakt, sodass alle Instanzen von `Square` von `Rectangle.prototype` erben, und `constructor` wird im selben Schritt wiederhergestellt.

> **Hinweis**
>
> Achten Sie darauf, dass Sie immer erst den Prototyp überschreiben, bevor Sie ihm Eigenschaften hinzufügen. Anderenfalls verlieren Sie beim Überschreiben die neuen Methoden.

6.4 Konstruktordiebstahl

Da die Vererbung in JavaScript über Prototypketten erfolgt, ist es nicht notwendig, den Supertypkonstruktor eines Objekts aufzurufen. Wenn Sie dies aber doch tun wollen, müssen Sie dazu das besondere Verhalten von JavaScript-Funktionen ausnutzen.

In Kapitel 3 haben Sie die Methoden `call()` und `apply()` kennengelernt, die es ermöglichen, Funktionen mit einem anderen `this`-Wert aufzurufen. Das ist genau die Art und Weise, in der der *Konstruktordiebstahl* funktioniert. Sie rufen einfach den Konstruktor des Supertyps vom Konstruktor des Subtyps aus auf und verwenden dabei `call()` oder `apply()`, um das neu erstellte Objekt zu übergeben. Im Grunde genommen entführen Sie dadurch den Supertypkonstruktor für Ihr eigenes Objekt, wie das folgende Beispiel zeigt:

```
function Rectangle(length, width) {
   this.length = length;
   this.width = width;
}

Rectangle.prototype.getArea = function() {
   return this.length * this.width;
};

Rectangle.prototype.toString = function() {
   return "[Rectangle " + this.length + "x" + this.width + "]";
};

// Erbt von Rectangle
function Square(size) {                ❶
   Rectangle.call(this, size, size);

   // Optional: Fügen Sie hier neue Eigenschaften hinzu oder
   // überschreiben Sie die bestehenden
}

Square.prototype = Object.create(Rectangle.prototype, {
   constructor: {
      configurable: true,
      enumerable: true,
      value: Square,
      writable: true
   }
});

Square.prototype.toString = function() {
   return "[Square " + this.length + "x" + this.width + "]";
};

var square = new Square(6);

console.log(square.length);           // 6
console.log(square.width);            // 6
console.log(square.getArea());        // 36
```

Der Konstruktor Square ❶ ruft den Konstruktor Rectangle auf und übergibt ihm this sowie zweimal size (einmal für length und einmal für width). Dadurch werden die Eigenschaften length und width im neuen Objekt erstellt und auf size gesetzt. Dadurch vermeiden Sie es, die Eigenschaften eines Konstruktors neu zu definieren, die geerbt werden sollen. Nachdem Sie den Konstruktor des Supertyps angewendet haben, können Sie neue Eigenschaften hinzufügen und bestehende überschreiben.

Mit diesem zweiteiligen Prozess können Sie eine Vererbung zwischen selbst definierten Typen erreichen. Sie müssen immer den Prototyp eines Konstruktors ändern und unter Umständen auch den Konstruktor des Supertyps vom Subtyp aus aufrufen. Im Allgemeinen ändern Sie für die Methodenvererbung den Prototyp und setzen für Eigenschaften den Konstruktordiebstahl ein. Diese Vorgehensweise wird gewöhnlich als *pseudoklassische Vererbung* bezeichnet, da sie die klassische Vererbung von klassenbasierten Sprachen nachahmt.

6.5 Zugriff auf die Methoden des Supertyps

Der Typ Square im vorhergehenden Beispiel hat seine eigene toString()-Methode, die die toString()-Methode des Prototyps verbirgt. Es ist durchaus üblich, Methoden des Supertyps mit neuer Funktionalität im Subtyp zu überschreiben. Was aber tun Sie, wenn Sie nach wie vor auf die Methoden des Supertyps zugreifen wollen? In anderen Sprachen können Sie dazu so etwas wie super.toString() verwenden, aber in JavaScript gibt es nichts Ähnliches. Stattdessen können Sie direkt auf die Methode im Prototyp des Supertyps zugreifen und sie mithilfe von call() oder apply() für das Objekt des Subtyps aufrufen. Betrachten Sie dazu das folgende Beispiel:

```
function Rectangle(length, width) {
   this.length = length;
   this.width = width;
}

Rectangle.prototype.getArea = function() {
   return this.length * this.width;
};

Rectangle.prototype.toString = function() {
   return "[Rectangle " + this.length + "x" + this.height + "]";
};

// Erbt von Rectangle
function Square(size) {
   Rectangle.call(this, size, size);
}
```

```
Square.prototype = Object.create(Rectangle.prototype, {
  constructor: {
    configurable: true,
    enumerable: true,
    value: Square,
    writable: true
  }
});

// Ruft die Methode des Supertyps auf
Square.prototype.toString = function() {                    ❶
  var text = Rectangle.prototype.toString.call(this);
  return text.replace("Rectangle", "Square");
};
```

In dieser Version des Codes ruft `Square.prototype.toString()` ❶ die Methode `Rectangle.prototype.toString()` mithilfe von `call()` auf. Die Methode muss einfach nur "Rectangle" durch "Square" ersetzen, bevor sie den resultierenden Text zurückgibt. Diese Vorgehensweise mag ein bisschen zu ausführlich für einen so einfachen Vorgang wirken, aber sie bildet die einzige Möglichkeit, um auf eine Methode des Supertyps zuzugreifen.

6.6 Zusammenfassung

JavaScript unterstützt die Vererbung über die Prototypverkettung. Wenn die Eigenschaft `[[Prototype]]` eines Objekts auf ein anderes Objekt gesetzt wird, so entsteht dadurch eine Prototypkette. Alle generischen Objekte erben automatisch von `Object.prototype`. Wenn Sie ein Objekt erstellen wollen, das von etwas anderem erbt, können Sie `Object.create()` verwenden und dabei den Wert von `[[Prototype]]` für das neue Objekt angeben.

Um eine Vererbung zwischen selbst gestalteten Typen zu bewerkstelligen, legen Sie eine Prototypkette für den Konstruktor an. Wenn Sie die Eigenschaft `prototype` des Konstruktors auf einen anderen Wert setzen, führt dies zu einer Vererbung zwischen Ihrem neuen Typ und dem Prototyp dieses anderen Werts. Alle Instanzen des Konstruktors haben denselben Prototyp und erben daher alle vom selben Objekt. Diese Technik eignet sich sehr gut, um Methoden von anderen Objekten zu erben, allerdings ist es nicht möglich, eigene Eigenschaften mithilfe von Prototypen zu vererben.

Für die korrekte Vererbung von eigenen Eigenschaften müssen Sie den Konstruktordiebstahl einsetzen. Dabei rufen Sie einfach eine Konstruktorfunktion mithilfe von `call()` oder `apply()` auf, sodass jegliche Initialisierungsvorgänge im Objekt des Subtyps stattfinden. Die Kombination von Konstruktordiebstahl und Prototypverkettung ist die übliche Vorgehensweise, um in JavaScript eine Vererbung zwischen selbst geschriebenen Typen zu erreichen. Aufgrund ihrer Ähnlichkeit mit der Vererbung in klassenbasierten Sprachen wird sie häufig als pseudoklassische Vererbung bezeichnet.

Um die Methoden des Supertyps zu nutzen, greifen Sie direkt auf dessen Prototyp zu. Dabei müssen Sie `call()` oder `apply()` verwenden, um die Methode des Supertyps am Objekt des Subtyps auszuführen.

7 Objektmuster

JavaScript bietet viele Muster zum Erstellen von Objekten. Meistens gibt es mehr als eine Möglichkeit, um eine Aufgabe zu lösen. Sie können jederzeit Ihre eigenen Typen und generischen Objekte erstellen, Sie können die Vererbung nutzen, um verschiedenen Objekten das gleiche Verhalten mitzugeben, und Sie können weitere Techniken wie z.B. Mixins anwenden. Außerdem können Sie fortgeschrittene Merkmale von JavaScript nutzen, um zu verhindern, dass die Struktur eines Objekts geändert wird. Die in diesem Kapitel vorgestellten Muster bieten Ihnen vielfältige Möglichkeiten, um in Ihrer täglichen Arbeit Objekte zu erstellen und zu handhaben.

7.1 Private und privilegierte Elemente

In JavaScript sind alle Objekteigenschaften öffentlich, und es gibt keine Möglichkeit, um ausdrücklich anzugeben, dass eine Eigenschaft außerhalb eines bestimmten Objekts nicht zugänglich sein soll. Es kann natürlich immer vorkommen, dass Sie gewisse Daten nicht öffentlich machen wollen. Wenn ein Objekt beispielsweise anhand eines Werts irgendeine Form von Status festlegt, dann stürzt eine Veränderung dieses Werts ohne Wissen des Objekts die gesamte Statusverwaltung ins Chaos. Eine Möglichkeit, dies zu verhindern, bieten Namenskonventionen. Beispielsweise ist es üblich, dem Namen von Eigenschaften einen Unterstrich voranzustellen (z.B. `this._name`), wenn sie nicht öffentlich sein sollen. Darüber hinaus lassen sich Daten auch verstecken, ohne sich dazu auf Vereinbarungen zu verlassen. Diese Vorgehensweisen sind sicherer, um eine Veränderung privater Daten zu verhindern.

7.1.1 Das Modul-Muster

Das *Modul-Muster* ist ein Muster zur Objekterstellung, das dazu dient, Singleton-Objekte mit privaten Daten anzulegen. Das Grundprinzip besteht darin, einen *unmittelbar aufgerufenen Funktionsausdruck* (*Immediately Invoked Function Expression, IIFE*) zu verwenden, der ein Objekt zurückgibt. Ein IIFE ist ein Funktionsausdruck, der zunächst definiert und unmittelbar darauf aufgerufen wird, um ein Ergebnis zu liefern. Dieser Funktionsausdruck kann eine beliebige Anzahl von lokalen Variablen enthalten, die außerhalb der Funktion nicht zugänglich sind. Da das zurückgegebene Objekt innerhalb der Funktion definiert wird, haben die Methoden dieses Objekts Zugriff auf die Daten. (Alle innerhalb des IIFE definierten Objekte haben Zugriff auf dieselben lokalen Variablen.) Methoden, die auf diese Weise auf private Daten zugreifen, werden als *privilegierte* Methoden bezeichnet. Das grundlegende Format für das Modul-Muster sieht wie folgt aus:

```
var yourObject = (function() {

    // Private Datenvariablen

    return {
        // Öffentliche Methoden und Eigenschaften
    };

}());                                           ❶
```

In diesem Muster wird eine anonyme Funktion erstellt und sofort ausgeführt. (Beachten Sie die zusätzlichen Klammern am Ende der Funktion ❶. Mit dieser Syntax können Sie anonyme Funktionen unmittelbar ausführen.) Das bedeutet, dass die Funktion nur einen Augenblick lang existiert, ausgeführt und dann gleich wieder zerstört wird. IIFEs sind in JavaScript sehr beliebt, insbesondere im Modul-Muster.

Das Modul-Muster erlaubt es Ihnen, reguläre Variablen als De-facto-Objekteigenschaften zu verwenden, die nicht öffentlich bereitgestellt werden. Das können Sie dadurch erreichen, dass Sie *Closure*-Funktionen als Objektmethoden erstellen. Closures sind nichts anderes als Funktionen, die auf Daten außerhalb ihres eigenen Gültigkeitsbereichs zugreifen. Wenn Sie beispielsweise in einer Funktion auf ein globales Objekt zugreifen, etwa auf `window` in einem Webbrowser, dann greift die Funktion auf eine Variable außerhalb ihres eigenen Gültigkeitsbereichs zu. Der Unterschied zu der Modulfunktion besteht darin, dass die Variablen in dem IIFE deklariert sind und dass eine Funktion, die ebenfalls darin deklariert ist, auf sie zugreift. Betrachten Sie dazu das folgende Beispiel:

```
var person = (function() {

    var age = 25;                    ❶

    return {
        name: "Nicholas",

        getAge: function() {         ❷
            return age;
        },

        growOlder: function() {      ❸
            age++;
        }
    };
}());
console.log(person.name);            // "Nicholas"
console.log(person.getAge());        // 25

person.age = 100;
console.log(person.getAge());        // 25

person.growOlder();
console.log(person.getAge());        // 26
```

In diesem Code wird anhand des Modul-Musters das Objekt person erstellt. Die Variable age ❶ fungiert als private Eigenschaft des Objekts. Außerhalb des Objekts ist sie nicht direkt zugänglich, sie kann aber von Objektmethoden verwendet werden. In dem Objekt gibt es zwei privilegierte Methoden: getAge() ❷ liest den Wert der Variablen age, und growOlder() ❸ inkrementiert age. Beide Methoden können direkt auf die Variable age zugreifen, da diese ebenso wie die Methoden in der äußeren Funktion definiert ist.

Eine Variante des Modul-Musters ist das *Enthüllungsmodul-Muster* (*revealing module pattern*). Dabei sind alle Variablen und Methoden an der Spitze des IIFE angeordnet und werden einfach dem zurückgegebenen Objekt zugewiesen. Mithilfe dieses Musters können Sie das vorhergehende Beispiel wie folgt schreiben:

```
var person = (function() {

  var age = 25;

  function getAge() {
    return age;
  }

  function growOlder() {
    age++;
  }

  return {
    name: "Nicholas",
    getAge: getAge,                    ❶
    growOlder: growOlder
  };

}());
```

In diesem Muster sind age, getAge() und growOlder() alle lokal im IIFE definiert. Die Funktionen getAge() und growOlder() werden dann dem zurückgegebenen Objekt zugewiesen ❶ und dadurch gewissermaßen außerhalb des IIFE »enthüllt«. Im Wesentlichen entspricht dieser Code dem vorherigen Beispiel mit dem herkömmlichen Modul-Muster. Manche Entwickler bevorzugen aber diese Variante, da hierbei alle Variablen- und Funktionsdeklarationen an einer Stelle zusammengefasst sind.

7.1.2 Private Elemente für Konstruktoren

Das Modul-Muster eignet sich hervorragend, um einzelne Objekte mit privaten Eigenschaften zu definieren. Was aber machen Sie mit selbst geschriebenen Typen, die ebenfalls eigene private Eigenschaften benötigen? Um instanzspezifische private Daten zu erstellen, können Sie innerhalb des Konstruktors ein ähnliches Muster wie das Modul-Muster einsetzen. Betrachten Sie dazu das folgende Beispiel:

```
function Person(name) {

  // Definiert eine Variable, die nur innerhalb des Konstruktors Person
  // zugänglich ist
  var age = 25;
```

```
    this.name = name;
    this.getAge = function() {      ❶
        return age;
    };

    this.growOlder = function() {   ❷
        age++;
    };
}

var person = new Person("Nicholas");

console.log(person.name);            // "Nicholas"
console.log(person.getAge());        // 25

person.age = 100;
console.log(person.getAge());        // 25

person.growOlder();
console.log(person.getAge());        // 26
```

In diesem Code verfügt der Konstruktor Person über die lokale Variable age, die in den Methoden getAge() ❶ und growOlder() ❷ verwendet wird. Wenn Sie eine Instanz von Person erstellen, bekommt diese Instanz eine eigene age-Variable sowie eine eigene getAge()- und growOlder()-Methode. Das ähnelt in vielerlei Hinsicht einem Modul-Muster, in dem der Konstruktor einen lokalen Gültigkeitsbereich aufbaut und das this-Objekt zurückgibt. Wie in Kapitel 5 besprochen, ist es zwar wirkungsvoller, Methoden im Prototyp statt in der Objektinstanz zu platzieren, aber um instanzspezifische private Daten zu erhalten, ist dies die einzige Möglichkeit.

Sollen die privaten Daten von allen Instanzen gemeinsam genutzt werden (so als gehörten sie zum Prototyp), können Sie eine gemischte Vorgehensweise verwenden, die zwar wie das Modul-Muster aussieht, aber einen Konstruktor einsetzt:

```
var Person = (function() {

    // Alle nutzen age gemeinsam
    var age = 25;                    ❶

    function InnerPerson(name) {     ❷
        this.name = name;
    }
```

Private und privilegierte Elemente 105

```
    InnerPerson.prototype.getAge = function() {
        return age;
    };

    InnerPerson.prototype.growOlder = function() {
        age++;
    };

    return InnerPerson;

}());

var person1 = new Person("Nicholas");
var person2 = new Person("Greg");

console.log(person1.name);         // "Nicholas"
console.log(person1.getAge());     // 25

console.log(person2.name);         // "Greg"
console.log(person2.getAge());     // 25

person1.growOlder();
console.log(person1.getAge());     // 26
console.log(person2.getAge());     // 26
```

In diesem Code ist der Konstruktor InnerPerson ❷ innerhalb eines IIFE definiert. Die Variable age ❶ wird außerhalb des Konstruktors definiert, aber in zwei Prototypmethoden verwendet. Danach wird der Konstruktor InnerPerson zurückgegeben und wird zum Konstruktor Person im globalen Gültigkeitsbereich. Schließlich nutzen alle Instanzen von Person die Variable age gemeinsam, sodass sich eine Änderung des Werts in einer der Instanzen automatisch auf alle anderen auswirkt.

7.2 Mixins

Die pseudoklassische Vererbung und die Prototypvererbung werden in JavaScript häufig eingesetzt, aber darüber hinaus gibt es noch eine Art von Pseudovererbung, die mithilfe von Mixins erreicht wird. *Mixins* entstehen, wenn ein Objekt die Eigenschaften eines anderen erwirbt, ohne die Prototypkette zu verändern. Das erste Objekt (der *Empfänger* oder *Receiver*) erhält dabei die Eigenschaften des zweiten Objekts (des *Lieferanten* oder *Suppliers*), indem es sie direkt kopiert. Traditionell werden Mixins mithilfe einer Funktion wie der folgenden erstellt:

```
function mixin(receiver, supplier) {
    for (var property in supplier) {
        if (supplier.hasOwnProperty(property)) {
            receiver[property] = supplier[property]
        }
    }

    return receiver;
}
```

Die Funktion `mixin()` nimmt als ihre beiden Argumente den Empfänger und den Lieferanten entgegen. Das Ziel der Funktion besteht darin, alle aufzählbaren Eigenschaften des Lieferanten in den Empfänger zu kopieren. Das erreichen Sie mithilfe einer `for-in`-Schleife, die die Eigenschaften in `supplier` durchgeht und den Wert jeder Eigenschaft einer gleichnamigen Eigenschaft in `receiver` zuweist. Beachten Sie, dass es sich hierbei um flache Kopien handelt. Wenn eine Eigenschaft also ein Objekt enthält, dann zeigen sowohl der Lieferant als auch der Empfänger auf dasselbe Objekt. Dieses Muster wird häufig genutzt, um JavaScript-Objekten Verhaltensweisen hinzuzufügen, die es bereits in anderen Objekten gibt.

So können Sie einem Objekt beispielsweise mithilfe von Mixins anstelle der Vererbung eine Unterstützung für Ereignisse hinzufügen. Nehmen wir an, Sie haben bereits einen eigenen Typ für die Nutzung von Ereignissen definiert:

```
function EventTarget(){
}

EventTarget.prototype = {

    constructor: EventTarget,

    addListener: function(type, listener){        ❶

    // Erstellt ein Array, falls es noch nicht vorhanden ist
    if (!this.hasOwnProperty("_listeners")) {
        this._listeners = [];
    }

    if (typeof this._listeners[type] == "undefined"){
        this._listeners[type] = [];
    }

    this._listeners[type].push(listener);
    },
```

```
    fire: function(event){                          ❷
        if (!event.target){
            event.target = this;
        }

        if (!event.type){ // falsy
            throw new Error("Event object missing 'type' property.");
        }

        if (this._listeners && this._listeners[event.type] instanceof
            Array){
            var listeners = this._listeners[event.type];
            for (var i=0, len=listeners.length; i < len; i++){
                listeners[i].call(this, event);
            }
        }
    },

    removeListener: function(type, listener){       ❸
        if (this._listeners && this._listeners[type] instanceof Array){
            var listeners = this._listeners[type];
            for (var i=0, len=listeners.length; i < len; i++){
                if (listeners[i] === listener){
                    listeners.splice(i, 1);
                    break;
                }
            }
        }
    }
};
```

Der Typ EventTarget stellt eine grundlegende Ereignisbehandlung für jedes Objekt bereit. Sie können sowohl Listener als auch Auslöseereignisse ❷ direkt im Objekt hinzufügen ❶ und entfernen ❸. Die Ereignislistener werden in der Eigenschaft _listeners gespeichert, die nur dann erstellt wird, wenn addListener() zum ersten Mal aufgerufen wird (das macht die Vermischung einfacher). Instanzen von EventTarget lassen sich wie folgt benutzen:

```
var target = new EventTarget();
target.addListener("message", function(event) {
   console.log("Message is " + event.data);
})

target.fire({
   type: "message",
   data: "Hello world!"
});
```

Eine Unterstützung für Ereignisse ist für Objekte in JavaScript sinnvoll. Wenn Sie Ereignisse auch in einem anderen Objekttyp unterstützen wollen, haben Sie dazu mehrere Möglichkeiten. Erstens können Sie eine neue Instanz von EventTarget erstellen und dann die gewünschten Eigenschaften hinzufügen:

```
var person = new EventTarget();
person.name = "Nicholas";
person.sayName = function() {
   console.log(this.name);
   this.fire({ type: "namesaid", name: name });
};
```

In diesem Code wird die neue Variable person als Instanz von EventTarget erstellt und dann um person-bezogene Eigenschaften ergänzt. Leider bedeutet dies, dass es sich bei person um eine Instanz von EventTarget statt von Object oder eines eigenen Typs handelt. Außerdem entsteht Zusatzaufwand für das manuelle Hinzufügen einer Reihe von neuen Eigenschaften. Es wäre besser, wenn wir eine systematischere Möglichkeit hätten.

Eine zweite Möglichkeit, um das Problem zu lösen, bietet die pseudoklassische Vererbung:

```
function Person(name) {
   this.name = name;
}

Person.prototype = Object.create(EventTarget.prototype);    ❶
Person.prototype.constructor = Person;

Person.prototype.sayName = function() {
   console.log(this.name);
   this.fire({ type: "namesaid", name: name });
};
```

```
var person = new Person("Nicholas");

console.log(person instanceof Person);         // true
console.log(person instanceof EventTarget);    // true
```

Hier haben wir einen neuen Person-Typ, der von EventTarget erbt ❶. Alle weiteren Methoden, die Sie benötigen, können Sie anschließend zum Prototyp von Person hinzufügen. Allerdings ist diese Form nicht so kurz und bündig, wie sie sein könnte, und außerdem lässt sich dagegen anführen, dass die Beziehung keinen Sinn ergibt: Eine Person soll ein Typ von Ereignisziel sein? Durch die Verwendung eines Mixins können Sie den Codeumfang verringern, der erforderlich ist, um dem Prototyp die neuen Eigenschaften zuzuweisen:

```
function Person(name) {
    this.name = name;
}

mixin(Person.prototype, new EventTarget());    ❶
mixin(Person.prototype, {
    constructor: Person,

    sayName: function() {
        console.log(this.name);
        this.fire({ type: "namesaid", name: name });
    }
});

var person = new Person("Nicholas");

console.log(person instanceof Person);         // true
console.log(person instanceof EventTarget);    // false
```

Hier wird Person.prototype mit einer neuen Instanz von EventTarget vermischt ❶, um das Ereignisverhalten zu erhalten. Um die Komposition des Prototyps abzuschließen, wird Person.prototype anschließend noch mit constructor und sayName() vermischt. In diesem Beispiel sind die Instanzen von Person keine Instanzen von EventTarget, da keine Vererbung stattfindet.

Natürlich kann es sein, dass Sie zwar die Eigenschaften eines Objekts verwenden möchten, aber auf keinen Fall einen Konstruktor aus der pseudoklassischen Vererbung haben wollen. In einem solchen Fall können Sie die Vermischung direkt beim Erstellen des neuen Objekts vornehmen:

```
var person = mixin(new EventTarget(), {

    name: "Nicholas",

    sayName: function() {
        console.log(this.name);
        this.fire({ type: "namesaid", name: name });
    }

});
```

In diesem Beispiel wird eine neue Instanz von EventTarget mit einigen neuen Eigenschaften vermischt, um das Objekt person zu erstellen, ohne die Prototypkette von person zu beeinträchtigen.

Wenn Sie Mixins auf diese Weise verwenden, müssen Sie immer daran denken, dass die Zugriffseigenschaften des Lieferanten zu Dateneigenschaften des Empfängers werden. Das bedeutet, dass Sie sie überschreiben können, wenn Sie nicht vorsichtig sind. Der Grund dafür ist, dass die Empfängereigenschaften durch Zuweisung erstellt werden und nicht durch Object.defineProperty(). Es wird also der aktuelle Wert der Lieferanteneigenschaft gelesen und einer gleichnamigen Eigenschaft im Empfänger zugewiesen. Betrachten Sie dazu das folgende Beispiel:

```
var person = mixin(new EventTarget(), {

    get name() {                    ❶
        return "Nicholas"
    },

    sayName: function() {
        console.log(this.name);
        this.fire({ type: "namesaid", name: name });
    }

});

console.log(person.name);      // "Nicholas"

person.name = "Greg";          ❷
console.log(person.name);      // "Greg"
```

In diesem Code wird name als Zugriffseigenschaft nur mit einer Get-Funktion definiert ❶. Die Zuweisung eines Werts zu dieser Eigenschaft sollte daher keine Wirkung haben. Da diese Zugriffseigenschaft im Objekt person aber zu einer Dateneigenschaft wird, ist es möglich, name mit einem neuen Wert zu überschreiben ❷. Bei dem Aufruf von mixin() wird der Wert von name im Lieferanten gelesen und der Eigenschaft name des Empfängers zugewiesen. Nirgendwo wird dabei eine neue Zugriffsfunktion definiert, sodass name im Empfänger zu einer Dateneigenschaft wird.

Sollen die Zugriffseigenschaften als Zugriffseigenschaften kopiert werden, brauchen Sie eine andere mixin()-Funktion:

```
function mixin(receiver, supplier) {
  Object.keys(supplier).forEach(function(property) {          ❶
    var descriptor = Object.getOwnPropertyDescriptor(supplier,
                                                     property);
    Object.defineProperty(receiver, property, descriptor);    ❷
  });

  return receiver;
}

var person = mixin(new EventTarget(), {

  get name() {
    return "Nicholas"
  },

  sayName: function() {
    console.log(this.name);
    this.fire({ type: "namesaid", name: name });
  }

});

console.log(person.name);      // "Nicholas"

person.name = "Greg";
console.log(person.name);      // "Nicholas"
```

Diese Version von mixin() verwendet Object.keys() ❶, um ein Array aller aufzählbaren eigenen Eigenschaften von supplier abzurufen. Anschließend wird mit der Methode forEach() über alle diese Eigenschaften iteriert. Die Deskriptoren für alle Eigenschaften von supplier werden abgerufen und über Object.defineProperty() zu receiver hinzugefügt ❷. Das stellt sicher, dass alle wichtigen Informationen über die Eigenschaften an receiver übertragen werden, nicht nur der Wert. Dadurch erhält das Objekt person eine Zugriffseigenschaft namens name, die nicht überschrieben werden kann.

Natürlich funktioniert diese Version von mixin() nur in JavaScript-Engines mit ECMAScript 5. Wenn Ihr Code auch in älteren Engines funktionieren soll, müssen Sie die beiden Ansätze für mixin() zu einer einzigen Funktion kombinieren:

```
function mixin(receiver, supplier) {

    if (Object.getOwnPropertyDescriptor) {            ❶

        Object.keys(supplier).forEach(function(property) {
            var descriptor = Object.getOwnPropertyDescriptor(supplier,
                                                              property);
            Object.defineProperty(receiver, property, descriptor);
        });

    } else {

        for (var property in supplier) {              ❷
            if (supplier.hasOwnProperty(property)) {
                receiver[property] = supplier[property]
            }
        }
    }

    return receiver;
}
```

Hier prüft mixin() zunächst, ob Object.getOwnPropertyDescriptor() vorhanden ist ❶, um herauszufinden, ob die JavaScript-Engine ECMAScript 5 unterstützt. Wenn ja, wird die ECMAScript-5-Version verwendet, anderenfalls die ECMAScript-3-Version ❷. Diese Funktion kann problemlos sowohl in modernen als auch in älteren JavaScript-Engines eingesetzt werden, da sie immer auf das jeweils passende Mixin-Verfahren zurückgreift.

> **Hinweis**
>
> Beachten Sie, dass `Object.keys()` nur aufzählbare Eigenschaften zurückgibt. Wenn Sie auch die nicht aufzählbaren Eigenschaften kopieren möchten, müssen Sie stattdessen `Object.getOwnPropertyNames()` verwenden.

7.3   Bereichssichere Konstruktoren

Da Konstruktoren nichts anderes sind als Funktionen, können Sie sie auch ohne den Operator `new` aufrufen und damit den Wert von `this` beeinflussen. Das kann jedoch unerwartete Ergebnisse nach sich ziehen, da `this` im normalen Modus schließlich dem globalen Objekt zugewiesen wird oder der Konstruktor im Strict-Modus einen Fehler auslöst. In Kapitel 5 haben Sie das folgende Beispiel gesehen:

```
function Person(name) {
    this.name = name;
}

Person.prototype.sayName = function() {
    console.log(this.name);
};

var person1 = Person("Nicholas");     // Achtung: Hier fehlt "new"   ❶

console.log(person1 instanceof Person);   // false
console.log(typeof person1);              // "undefined"
console.log(name);                        // "Nicholas"
```

In diesem Fall wird `name` als globale Variable erstellt, da der Konstruktor `Person` ohne `new` aufgerufen wird ❶. Dieser Code muss im normalen Modus ausgeführt werden, da der Verzicht auf `new` sonst einen Fehler auslösen würde. Der Konstruktorname mit großem Anfangsbuchstaben bedeutet gewöhnlich, dass ihm `new` vorangestellt werden soll, aber was tun Sie, wenn Sie diese Nutzung zulassen wollen und die Funktion aber auch ohne `new` läuft? Viele der eingebauten Konstruktoren, darunter `Array` und `RegExp`, funktionieren auch ohne `new`, da sie *bereichssicher* geschrieben sind. Konstruktoren dieser Art können mit und ohne `new` aufgerufen werden und geben in beiden Fällen ein Objekt desselben Typs zurück.

Wird new zusammen mit einer Funktion aufgerufen, dann ist das neu erstellte Objekt, für das this steht, bereits eine Instanz des vom Konstruktor repräsentierten Typs. Daher können Sie mithilfe von instanceof feststellen, ob new in einem Funktionsaufruf verwendet wurde:

```
function Person(name) {
    if (this instanceof Person) {
        // Mit "new" aufgerufen
    } else {
        // Ohne "new" aufgerufen
    }
}
```

Mit einem Muster wie diesem können Sie steuern, was eine Funktion tun soll, je nachdem, ob sie mit oder ohne new aufgerufen wurde. Dabei können Sie die beiden Fälle jeweils unterschiedlich behandeln, aber auch dafür sorgen, dass sich die Funktion immer auf dieselbe Weise verhält (was häufig als Schutz gegen ein versehentliches Weglassen von new eingesetzt wird). Eine bereichssichere Version von Person sieht wie folgt aus:

```
function Person(name) {
    if (this instanceof Person) {
        this.name = name;
    } else {
        return new Person(name);
    }
}
```

Bei diesem Konstruktor wird die Eigenschaft name bei der Verwendung von new wie üblich zugewiesen. Ohne new dagegen wird der Konstruktor rekursiv über new aufgerufen, um eine ordnungsgemäße Instanz des Objekts zu erstellen. Dadurch sind die beiden folgenden Verwendungen gleichwertig:

```
var person1 = new Person("Nicholas");
var person2 = Person("Nicholas");

console.log(person1 instanceof Person);    // true
console.log(person2 instanceof Person);    // true
```

Neue Objekte ohne den Operator new zu erstellen, wird immer üblicher, um Fehler durch ein Weglassen von new zu verhindern. JavaScript selbst verfügt über mehrere Referenztypen mit bereichssicheren Konstruktoren, nämlich `Object`, `Array`, `RegExp` und `Error`.

7.4 Zusammenfassung

In JavaScript gibt es viele verschiedene Möglichkeiten, um Objekte anzulegen und zusammenzustellen. Zwar bietet JavaScript kein formales Konzept für private Eigenschaften, doch können Sie Daten oder Funktionen erstellen, die nur innerhalb eines Objekts zugänglich sind. Für Singleton-Objekte können Sie das Modul-Muster verwenden, um die Daten vor der Außenwelt zu verstecken. Um lokale Variablen und Funktionen zu definieren, die nur für das neu erstellte Objekt zugänglich sind, lassen sich unmittelbar aufgerufene Funktionsausdrücke (IIFEs) nutzen. Die privilegierten Methoden eines Objekts sind diejenigen, die Zugriff auf private Daten haben. Des Weiteren können Sie Konstruktoren mit privaten Daten erstellen, indem Sie entweder Variablen in der Konstruktorfunktion definieren oder mithilfe eines IIFE private Daten anlegen, die von allen Instanzen gemeinsam genutzt werden.

Mixins bieten eine umfassende Möglichkeit, um die Funktionalität von Objekten ohne Vererbung zu erweitern. Ein Mixin kopiert die Eigenschaften eines Objekts in ein anderes, sodass das Empfängerobjekt die gesamte Funktionalität des Lieferantenobjekts erhält, ohne von ihm zu erben. Anders als bei der Vererbung können Sie bei Mixins nach dem Anlegen des Objekts nicht mehr ermitteln, woher die einzelnen Merkmale stammen. Aus diesem Grund eignen sich Mixins am besten für Dateneigenschaften oder für kleine Funktionsumfänge. Wollen Sie umfangreichere Funktionalität übertragen und wissen, woher sie stammt, ist die Vererbung zu bevorzugen.

Bereichssichere Konstruktoren können Sie mit oder ohne `new` aufrufen, um eine neue Objektinstanz zu erstellen. Dieses Muster nutzt die Tatsache, dass `this` eine Instanz des betreffenden Typs ist, sobald die Ausführung des Konstruktors beginnt. Daher können Sie das Verhalten des Konstruktors je nachdem ändern, ob Sie den Operator `new` verwenden oder nicht.

Index

Symbols
_ (Unterstrich) 49, 102
{ }:Funktionsinhalte 26
{ }:Objekteigenschaften 15
== 9
=== 9

A
Abrufen von Eigenschaftsattributen 57
Anonyme Funktionen 29, 102
apply() 37, 95
Arbeitsspeicher 12
Argumente 28
arguments 29
Arität 30
Array (Typ) 14
Array.isArray() 20
Array.prototype 80
Arrayliterale 15, 16
Arrays
    Identifizieren 20
    Übergeben an apply() 37
Attribute 50, 53
    Abrufen 57
    Ändern 50
    Dateneigenschaften 52
    Erstellen 54
    Zugriffseigenschaften 54
Aufzählbare Eigenschaften
    Vom Lieferanten zum Empfänger kopieren 106
    Zu Object.prototype hinzufügen 87
Aufzählung 46
Ausdrücke 26
Autoboxing 21

B
Bereichssichere Konstruktoren 114
bind() 38
Boolean 21
Boolesche Werte
    Objekt 7, 21
    Wrappertyp 21

C
call() 36, 95
capitalize() 81
charAt() 10
Closure 102
console.log 67
constructor 66
    Ändern durch Objektliteralschreibweise 76
create() 88
Crockford, Douglas 87

D
Date
    Objekt 84
    Typ 14
Daten
    Im Prototyp speichern 75
    Instanzspezifische private Daten 104
    Private Daten gemeinsam verwenden 105
Dateneigenschaften 48
    Attribute 52
    Mixins 111
defineProperty() 51, 56, 68
Deklarationen 26
delete 45, 63

Dereferenzieren 13
Doppelte eckige Klammern 25
Doppelter Gleichheitsoperator 10
Dreifacher Gleichheitsoperator 10

E
Eckige Klammern
    Arrayliterale 16
    Zugriff auf Eigenschaften 18
ECMAScript 5 113
Eigene Eigenschaften
    Aufzählbarkeit ermitteln 84
    Gegensatz zu Prototypeigen-
        schaften 72
    in-Operator 44
    Objekte 41
    Vorhandensein ermitteln 84
Eigenschaften 11, 18, 101
    Arten 48
    Attribute 50
    Attribute abrufen 57
    Attribute ändern 50
    Aufzählbar 46, 87
    Definieren 41
    Entfernen 45
    Ermitteln 43
    Hinzufügen/Entfernen 13
    Mehrere definieren 56
    Stringliterale als Namen 15
    Temporäre Objekte 23
    Vom Lieferanten zum Empfänger
        kopieren 106
Einfrieren 61
Eingebaute Typen 14
Eingefrorene Objekte 79
Empfänger 106
Enthüllungsmodul-Muster 103
Ereignisunterstützung 107
Error 14
Erstellen
    Eigenschaften temporärer Objekte 23
    Objekte 11
    Zugriffseigenschaften 54
Erweiterungen von Objekten
    verhindern 59

F
Falsy 43
Fehler
    Konstruktor ohne new im
        Strict-Modus 69
    Wrapperobjekte 22
Flexibilität von JavaScript 5
for-in-Schleifen 48, 87, 107
Frames in Webseiten 20
freeze() 61, 79
Function 14, 16, 28
function 26
Funktionen 5, 25
    Als Werte 27
    Deklarationen und Ausdrücke im
        Vergleich 26
    Funktionsliterale 16
    Hoisting 26
    Parameter 29
    Überladen 31
Funktionen erster Klasse 5

G
Garbage Collection 13
Gemeinsame Nutzung privater Daten 105
Geschweifte Klammern
    Funktionsinhalte 26
    Objekteigenschaften 15
Get-Funktionen 48
getOwnPropertyDescriptor() 58
getPrototypeOf() 71
Gleichheitsoperator 10
Globales Objekt 34
Großschreibung von Konstruktor-
    namen 65

H
Hashmaps 63
hasOwnProperty() 44, 70, 84, 87
Hoisting 26

I
if 43
IIFE 102
Immediately Invoked Function Expression
    (IIFE) 102

in 70
    Vorhandensein von Eigenschaften prüfen 44
instanceof 19
    temporäre Objekte 23
Instanzen
    Instanzspezifische private Daten 104
Instanzen siehe auch Objekte
    Referenztypen 11
    Typ prüfen 66
    Verbindung zwischen Prototyp und Konstruktor 77
Instanziierung
    Eingebaute Typen 14
    Objekte 12
    Wrapper 23
Instanzspezifische private Daten 104
Interne Eigenschaften 25
isArray() 20
isExtensible() 59, 60
isFrozen() 61
isPrototypeOf() 72, 84
isSealed() 60

K
keys() 47, 112
Klammernschreibweise 18
Klassen 5
Konstruktoren 12, 65
    Bereichssicher 114
    Konstruktordiebstahl 95
    Obertyp 92, 95
    Object.defineProperty() 68
    Ohne new aufrufen 114
    Prototypen 74
    return 68
    Untertyp 92, 95
    Vererbung 91
    Zweck 67

L
length 29
Literale 7, 15
    Arrayliterale 16
    Funktionen 16
    Objektliterale 15
    Reguläre Ausdrücke 17

M
Methoden 10, 33
    Primitive Methoden 10
    Privat 101
    Privilegierte Methoden 101
    Prototypen 74
    Supertypen 97
    Zu Arrays hinzufügen 80
Mixins 106
    Dateneigenschaften 111
Modul-Muster 101
    Enthüllungsmodul-Muster 103

N
Namen
    Eigenschaften 101
    Konstruktoren 65
    Mehrere Funktionen desselben Namens 31
new 12
    Konstruktor ohne new 69, 114
    Konstruktoren 66
    Referenztypen instanziieren 15
    this-Objekt 67
null 7
    Eigenschaft auf null setzen 45
    Objektvariable auf null setzen 13
    typeof 9
    Vergleich 10
Number 21
Nur schreibbare Eigenschaften 50

O
Object
    Eingebauter Typ 14
    Konstruktor 41
Object.create() 88
Object.defineProperty() 51, 56, 68
Object.freeze() 61, 79
Object.getOwnPropertyDescriptor() 58
Object.getPrototypeOf() 71
Object.isExtensible() 59, 60
Object.isFrozen() 61
Object.isSealed() 60
Object.keys() 47, 112
Object.preventExtensions() 59

Object.prototype
    Ändern 86
    Vererbte Methoden 84
Object.seal() 60, 79
Objekte 5, 11, 41
    Änderungen verhindern 58
    Dereferenzieren 13
    Eigenschaften definieren 41
    Einfrieren 61
    Erstellen 11
    Generische Objekte 66
    Methoden 33
    Prototypeigenschaften vererben 83
    Referenztypen 6
    Vererbung 88
    Versiegeln 59
Objektliterale 15
Objektmuster 101
    Enthüllungsmodul-Muster 103
    Instanzspezifische private Daten 104
    Modul-Muster 101

P
Parameter 29
person 103
preventExtensions() 59
Primitive Methoden 10
Primitive Typen 6
Private Daten 105
Private Member
    Konstruktoren 104
Private Methoden 102
propertyIsEnumerable() 47, 51, 84
proto 72
prototype 70, 90
Prototypeigenschaften
    Gegensatz zu eigenen Eigenschaften 72
    Identifizieren 70
Prototypen 70
    Ändern 78
    Eigenschaften identifizieren 70
    Eigenschaften vererben 83
    Eingebaute Objekte 80
    Überschreiben 76
    Verwendung in Konstruktoren 74

Prototypverkettung 83, 90, 94
    Objekte ohne 91
    Überschreiben 92
Pseudoklassische Vererbung 97, 109
Pseudovererbung 106
Punktschreibweise 18

R
Rectangle 92
Referenztypen 6, 11
    Identifizieren 19
RegExp
    Eingebauter Typ 14
    Konstruktor 17
Reguläre Ausdrücke 17

S
Schlüssel/Wert-Paare 63
Schreibgeschützte Eigenschaften 50
seal() 60, 79
Set-Funktionen 48
Signaturen 31
sort() 28
Square 92
Strict-Modus
    Nicht erweiterbare Objekte 59
    Versiegelte Objekte 61
String (Wrappertyp) 21
Stringliterale 15
Strings
    capitalize() 81
    Methoden 10
    Typ 6
    Werte zum Vergleich umwandeln 28
substring() 10
Subtyp 92, 95
Supertyp
    Konstruktoren 92, 95
    Methoden 97
sum() 31

T
Temporäre Objekte 23
this 34
    new 67
    Wert ändern 35
toFixed() 10

toLowerCase() 10
toString() 10, 45, 84, 85
Truthy 43
Typen 6
    Eingebaute Typen instanziieren 14
    Instanzen prüfen 66
    Prüfen 33
typeof 9, 19

U
Überladen von Funktionen 31
undefined 7
Unmittelbar aufgerufener Funktionsausdruck (IIFE) 102
Unterstrich 49, 101

V
valueOf() 84
Variablen
    Primitive Typen 6
    Variablenobjekt 6
Vererbung 83
    Konstruktoren 91
    Methoden aus Object.prototype 84
    Prototypverkettung 83
    Pseudoklassisch 97, 109
    Zwischen Objekten 88

Vergleiche ohne Typumwandlung 10
Vergleichsfunktionen 29
Verhindern von Objektänderungen 58
Versiegelte Objekte 59, 61, 79

W
Webseiten 20
Werte
    Funktionen 27
    Zwischen Frames auf Webseiten übergeben 20
Wrapper für primitive Typen 21

Z
Zahlen 7
Zeiger auf Arbeitsspeicher 12
Zugriff auf Eigenschaften 18
Zugriffseigenschaften 48
Zulieferer 106
Zuweisungsausdruck 26